职业技能等级认定培训教程

职业培训师

（一级）

中国就业培训技术指导中心
人力资源和社会保障部职业技能鉴定中心　组织编写

中国劳动社会保障出版社

图书在版编目（CIP）数据

职业培训师：一级 / 中国就业培训技术指导中心，人力资源和社会保障部职业技能鉴定中心组织编写. -- 北京：中国劳动社会保障出版社，2023
职业技能等级认定培训教程
ISBN 978-7-5167-6157-1

Ⅰ. ①职… Ⅱ. ①中… ②人… Ⅲ. ①职业培训－职业技能－鉴定－教材 Ⅳ. ①C975

中国国家版本馆CIP数据核字（2023）第222733号

中国劳动社会保障出版社出版发行

（北京市惠新东街1号　邮政编码：100029）

*

北京市艺辉印刷有限公司印刷装订　　新华书店经销
787毫米×1092毫米　16开本　14印张　224千字
2023年11月第1版　　2023年11月第1次印刷
定价：42.00元

营销中心电话：400-606-6496
出版社网址：http://www.class.com.cn

版权专有　　侵权必究

如有印装差错，请与本社联系调换：（010）81211666
我社将与版权执法机关配合，大力打击盗印、销售和使用盗版图书活动，敬请广大读者协助举报，经查实将给予举报者奖励。
举报电话：（010）64954652

编审委员会

主　任	吴礼舵　张　斌
副主任	刘文彬　葛　玮
委　员	葛恒双　赵　欢　王小兵　张灵芝　刘永澎　吕红文
	张晓燕　贾成千　高　文　瞿伟洁

本书编写人员

主　编	陈斯毅　黄文钧
副主编	莫秀全　段国川
编　者	王　涛　王　囤　杨　雪　邓振华　张　翔　蒋文莉
	李宗国　傅　鸰　欧湘庆　崔连吉　朱　琳　曾伟峰
	梁茂坚　傅　勇　钟兴华

前　言

为加快建立劳动者终身职业技能培训制度，全面推行职业技能等级制度，推进技能人才评价制度改革，促进职业培训包制度与职业技能等级认定制度的有效衔接，进一步规范培训管理，提高培训质量，中国就业培训技术指导中心、人力资源和社会保障部职业技能鉴定中心组织有关专家在《职业培训师国家职业技能标准（2022年版）》（以下简称《标准》）制定工作基础上，编写了职业培训师职业技能等级认定培训教程（以下简称等级教程）。

职业培训师等级教程紧贴《标准》要求编写，内容上突出职业能力优先的编写原则，结构上按照职业功能模块分级别编写。该等级教程共包括《职业培训师（基础知识）》《职业培训师（三级）》《职业培训师（二级）》《职业培训师（一级）》4本。《职业培训师（基础知识）》是各级别职业培训师均需掌握的基础知识，其他各级别教程内容分别包括各级别职业培训师应掌握的理论知识和操作技能。

本书是职业培训师等级教程中的一本，是职业技能等级认定推荐教程，也是职业技能等级认定题库开发的重要依据，适用于职业技能等级认定培训和中短期职业技能培训。

本书在编写过程中得到广东省新时代职业开发研究院、广东省职业能力建设协会、广东工商职业技术大学、深圳市企鹅网络科技有限公司、广州华立学院、广东三向智能科技股份有限公司、广东度才子集团有限公司、广东德鑫医疗科技有限公司等单位的大力支持与协助，在编审过程中得到陈李翔、毕结礼、刘永澎、许远、云文娟、张智峰、林曙光、霍立国等专家的指导和帮助，在此一并表示衷心感谢。

中国就业培训技术指导中心
人力资源和社会保障部职业技能鉴定中心

目　录 CONTENTS

培训模块 1　培训项目开发 ··· 1

　培训项目 1　审定培训项目 ·· 3
　　培训单元 1　职业培训需求预测 ·· 3
　　培训单元 2　职业培训项目策划和审定 ······································· 12
　　培训单元 3　组织制订培训项目实施方案 ···································· 19

　培训项目 2　审定培训课程开发方案和课程标准 ······························· 24
　　培训单元 1　审定培训课程体系和开发方案 ································· 24
　　培训单元 2　审定培训课程标准 ··· 29
　　培训单元 3　培训课程开发预评估 ·· 34

　培训项目 3　指导开发和审定职业培训教材 ····································· 41
　　培训单元 1　指导开发职业培训教材 ··· 41
　　培训单元 2　审定职业培训教材 ··· 49
　　培训单元 3　指导开展培训教材开发人员培训 ····························· 53

培训模块 2　培训教学组织 ·· 55

　培训项目 1　培训教学规划 ·· 57
　　培训单元 1　指导制定培训教学规划 ··· 57
　　培训单元 2　指导制定培训教学规划实施方案 ····························· 61
　　培训单元 3　培养高层次职业培训师资队伍 ································ 66

　培训项目 2　培训教学研究与创新 ··· 72
　　培训单元 1　培训教学模式研究与创新 ······································ 72
　　培训单元 2　培训教学技术方法研究与创新 ································ 79
　　培训单元 3　培训教学内容研究与创新 ······································ 86

　培训项目 3　实操教学指导 ·· 90
　　培训单元 1　审定实操教学方案 ··· 90
　　培训单元 2　指导选择实操教学模式 ··· 96

培训单元3　指导培养高技能人才 …………………………………………… 101

培训模块3　培训教学管理 …………………………………………………… 107

　培训项目1　培训教学质量管理 …………………………………………………… 109
　　培训单元1　培训教学质量管理方案审定和实施指导 …………………………… 109
　　培训单元2　指导撰写培训教学质量管理情况报告 ……………………………… 114
　　培训单元3　指导开发培训教学数字化管理服务平台 …………………………… 123
　　培训单元4　制定培训教学督导工作规则 ………………………………………… 129
　培训项目2　培训教学绩效管理 …………………………………………………… 133
　　培训单元1　培训教学绩效总体评估 ……………………………………………… 133
　　培训单元2　培训教学绩效管理问题分析和解决 ………………………………… 140
　培训项目3　培训教学效果评估管理 ……………………………………………… 145
　　培训单元1　审定培训教学效果评估方案 ………………………………………… 145
　　培训单元2　考核命题和评估人员培训 …………………………………………… 151
　　培训单元3　审定培训教学效果评估报告 ………………………………………… 157

培训模块4　培训咨询服务 …………………………………………………… 165

　培训项目1　职业培训政策指导 …………………………………………………… 167
　　培训单元1　职业培训机构的发展定位指导 ……………………………………… 167
　　培训单元2　开发职业培训项目的政策指导 ……………………………………… 172
　　培训单元3　制定职业培训规划的指导 …………………………………………… 177
　培训项目2　培训业务指导 ………………………………………………………… 181
　　培训单元1　培训教学、管理与评估等关键环节指导 …………………………… 181
　　培训单元2　高技能和高层次人才培养咨询服务 ………………………………… 186
　　培训单元3　职业培训师人才库建设指导 ………………………………………… 194
　培训项目3　职业培训师团队建设指导、管理和评估 …………………………… 198
　　培训单元1　职业培训师团队建设指导 …………………………………………… 198
　　培训单元2　职业培训师团队管理 ………………………………………………… 203
　　培训单元3　职业培训师团队建设评估 …………………………………………… 209

培训模块 ❶ 培训项目开发

培训项目 1 审定培训项目

培训单元 1 职业培训需求预测

1. 职业培训需求预测的意义和依据。
2. 培训需求预测模型。
3. 指导培训需求预测的工作内容及注意事项。
4. 地区与行业发展对培训需求的影响。

一、职业培训需求预测的意义和依据

1. 职业培训需求预测的意义

职业培训需求预测是指通过对某职业的现状和发展趋势的研究，根据行业和地区发展情况，推测该职业未来可能出现的培训需求。其意义在于运用各种培训需求预测模型对某个职业进行培训需求的综合分析预测，以便更好地组织各方面的培训资源，开发符合职业发展的培训项目、培训课程、培训教材等，以职业活动为导向、职业技能为核心，培养适应经济社会发展和科技进步客观需要的职业技能人才。

2. 职业培训需求预测的依据

（1）以社会和经济发展趋势为依据。

（2）以行业和科学技术发展为依据。

（3）以组织的中、长期发展规划为依据。

（4）以组织的岗位调整、岗位再设置或组织再造为依据。

（5）以生产技术的进步或经营方式的变革为依据。

（6）以个人的职业生涯发展规划为依据。

二、培训需求预测的原则与方法

1. 培训需求预测的原则

（1）客观性。培训需求预测要从实际出发，结合具体实际研究和解决问题，实事求是，防止主观臆测。

（2）代表性。培训需求预测的样本量要足够大，以保证需求预测结论的典型性和代表性，尽量避免偶然性和片面性。

（3）效益性。一是培训需求预测要有成本意识，在保证预测质量的前提下，尽可能降低预测成本；二是在培训需求预测的基础上，对各种需求进行梳理和整合，从而找到具有同一培训需求的目标人群。

（4）前瞻性。要充分考虑技术进步对未来培训需求的影响。

2. 培训需求预测的方法

（1）组织整体分析法。组织整体分析法是指针对某个组织的发展规划，确定符合该组织发展目标与战略规划要求的培训需求，从而反映该组织在整体上所需要的培训内容、层次与类别等的培训需求预测方法。

组织的整体培训需求可以从以下3个方面加以分析。

1）对组织人力资源规划的分析。

2）对组织效率及其业绩的分析。通过分析组织的生产率、产品的质量和数量、机器的使用与维修、顾客满意度等，发现培训需求点。

3）对组织文化建设的分析。组织文化是组织的管理哲学及价值体系的反映。通过对员工的敬业精神、团队建设等情况的分析，可以发现组织在文化建设中的问题。

（2）个体培训需求分析法。个体培训需求分析法是指通过对参训学员的基础情况和能力水平测试成绩记录，以及该学员在培训需求问卷中填写的培训意愿和职业生涯规划的分析，确定其对应的培训需求内容。

（3）工作任务分析法。工作任务分析法是指依据某个职业岗位的工作描述、工作规范、工作说明书以及主要工作任务、绩效标准等，确定该岗位要求的知识、技能和态度水平，通过系统地搜集反映该岗位工作特性的数据，对照参训学员现有的基础情况和能力水平，确定相应的培训内容以及应达到的培训目标。

三、培训需求预测模型

培训需求预测模型有很多种，无论是哪种模型，最终都需要回答以下 5 个问题。

为什么（Why）：为什么要培训（培训目的）。谁（Whom）：培训谁（培训对象）。什么（What）：培训什么（培训内容）。如何（How）：如何培训（培训方式、方法）。何时（When）：何时培训（培训时间）。

目前，大部分培训需求预测模型都是基于企业的发展对员工的技能要求，以及员工职业生涯发展等相关要素建立的，比较成熟的模型主要有以下 4 种。

1. 三层次模型

三层次模型将培训需求分析分为 3 个方面：组织分析、任务分析和人员分析，如图 1-1 所示。

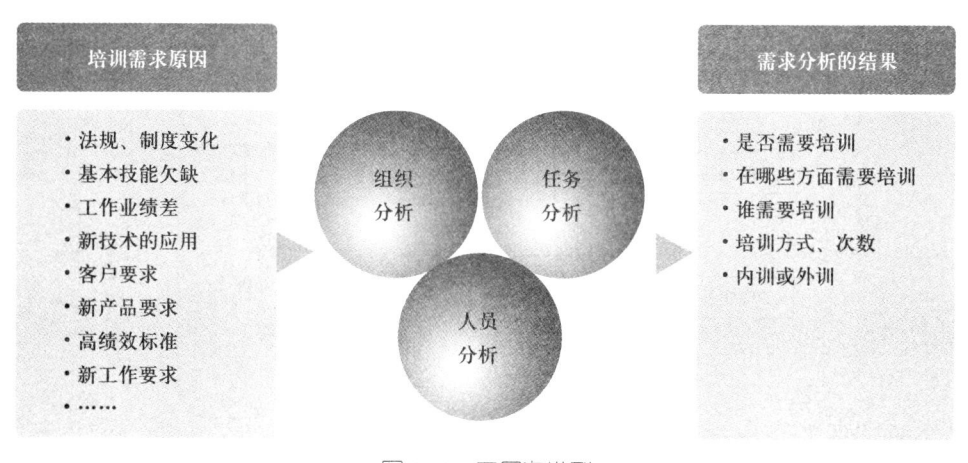

图 1-1　三层次模型

利用三层次模型进行培训需求分析，需要从以下 3 个方面具体展开。

（1）组织分析。组织层次的分析将组织的长期目标和短期目标作为一个整体来考察，同时考察可能对组织目标发生影响的因素，由人力资源分析、效率指标分析和组织气氛分析 3 部分组成。组织分析旨在从全局上把握整个组织与工作群体的培训需求，属于全局性层面的分析。

（2）任务分析。针对每项具体工作的具体培训需求，需要通过工作层次的任务分析才能加以识别。任务分析的主要目的是明确员工需要完成哪些重要任务，以确定为帮助员工完成这些任务应当在培训过程中强调哪些方面的知识、技能和能力。

（3）人员分析。个人层次的分析针对每一位员工进行，最终落实到"谁需要培训"以及"需要哪些培训"上。分析手段可以采用观察、记录分析、资料调查、技能考核等方法。此外，员工的自我评价也是搜集个人需求信息的重要来源。人员分析的内容包括以下3项。

1）对员工个人绩效进行评价、确认，分析、确认工作绩效令人不满意的原因是否源于员工知识、技能、态度的欠缺。

2）由于员工职位变动，分析、确认员工是否具备新岗位所要求的素质，以确定培训需求。

3）预测员工是否能应对未来新技术的挑战，以确定培训开发需求。

2. 差距分析模型

差距分析模型是将组织中"现实状态"与"理想状态"之间的"差距"称为缺口，并依此确定员工知识、技能和态度等培训内容，这就是差距分析模型（见图1-2）。建立差距分析模型包括3个环节。

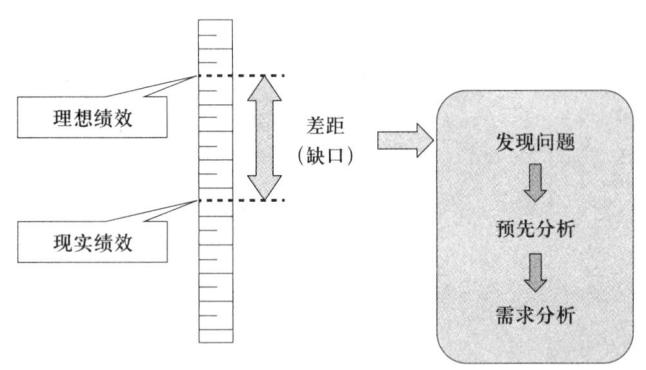

图1-2　差距分析模型

（1）发现问题所在。理想绩效与现实绩效之间的差距就是问题，存在问题的地方，就是需要通过培训加以改善的地方。

（2）进行预先分析。在一般情况下，需要对问题进行预先分析和初步判断。

（3）实施需求分析。这个环节主要是寻找绩效差距，分析的重点是员工目前的个体绩效与工作要求之间的差距。

差距分析模型的优点在于，将培训需求的"差距"进行重点提炼，提高了分析的可行性，弥补了三层次模型在任务分析和人员分析方面操作性不强的缺陷。

差距分析模型也存在一定的缺陷。首先，没有关注企业战略对培训需求的影响。其次，其有效性依赖于一个假设前提，即"培训活动等同于绩效提高"，事实上，绩效问题产生的原因是复杂而多样的，仅靠培训是无法解决所有问题的。

3. 前瞻性分析模型

前瞻性分析模型的依据是随着技术的不断进步和员工个人成长的需要，即使员工目前的工作绩效是令人满意的，也可能会因为为工作调动做准备、为职位晋升做准备或适应工作内容的变化等原因而提出培训需求。前瞻性分析模型为这些情况提供了良好的分析框架，如图1-3所示。

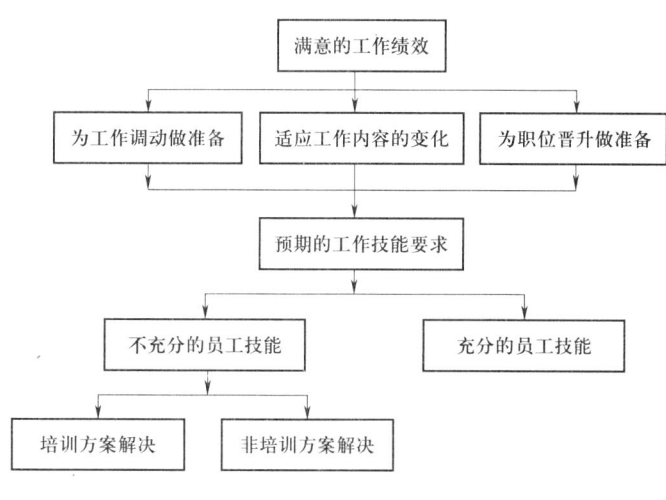

图1-3 前瞻性分析模型

前瞻性分析模型是建立在未来需求的基础之上的，具有一定的"前瞻性"，能有效结合组织的发展前景、战略目标和个人职业生涯规划，为组织和个人的发展提供一个合理的结合点，同时可以达到激励员工的目的，使培训工作由被动变为主动。

该模型也具有一定的局限性。因为是以未来需求为导向的，预测的准确度难免出现偏差，技术的前瞻性未必都与战略及业务发展要求相对应，存在与组织战略目标相脱节的风险。

4. 基于胜任力的分析模型

胜任力是指能将工作中表现优异者与表现平庸者区分开来的个人的表层特征与深层特征，包括知识、技能、社会角色、自我概念、特质和动机等个体特征。为形象地描述胜任力可以绘制胜任力模型。胜任力模型是组织当中特定的工作岗位所要求的与绩效相关的一系列胜任特征的总和。胜任特征的可测量性可以使分析过程更加标准化，而且使培训需求更加具体化。

基于胜任力的分析模型主要通过对组织环境变化的判断，对比员工的能力水平现状，找出培训需求所在。基于胜任力的分析模型如图1-4所示。

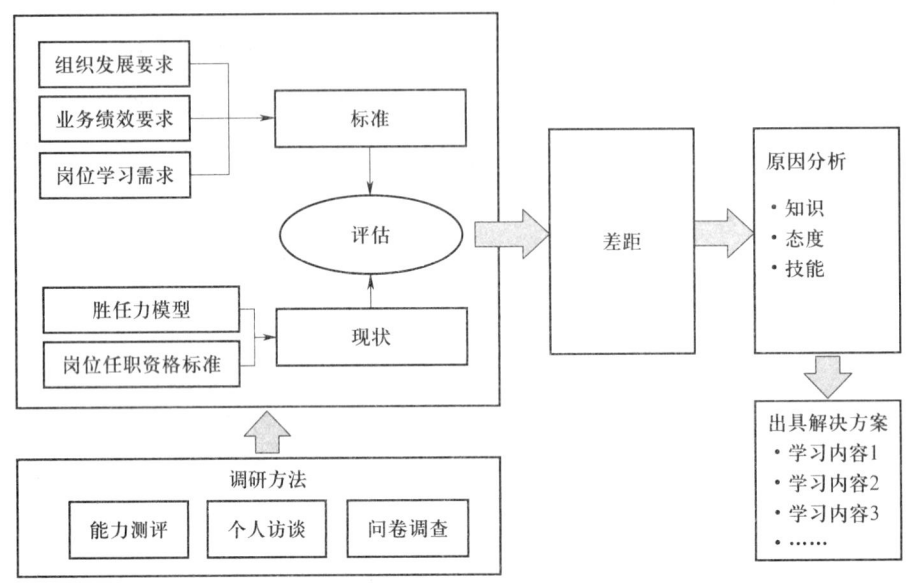

图1-4　基于胜任力的分析模型

基于胜任力的分析模型有助于描述工作所需的行为表现，以确定员工现有的素质特征，发现员工需要学习和发展哪些技能。同时，模型中明确的能力标准，也使组织的绩效评估更加方便。另外，胜任力模型也使员工能容易理解组织对他的要求，明确其学习提升的方向与目标。

四、指导培训需求预测的工作内容及注意事项

1. 指导培训需求预测的工作内容

（1）制订培训需求预测计划。培训需求预测计划中应包括成立培训需求预测项目小组，确定培训需求预测的目标、内容和对象，选择预测方法，开发预测工具，明确参与人员的分工，制订预测时间计划和编制费用预算等。

（2）搜集培训需求信息。制订培训需求预测计划后，需进行调研以搜集培训需求信息。在这个阶段，需要注意防止出现以下问题：被调研人员不配合或者应付了事，调研方法和工具欠合理，调研流程不顺畅。

（3）开展培训需求分析。在进行培训需求分析时，可以采用三层次模型、差距分析模型、前瞻性分析模型及基于胜任力的分析模型等作为理论基础。

（4）形成培训需求分析报告。形成分析报告的目的在于描述培训需求分析的

过程和结果。在通常情况下，较为正式的培训需求分析报告应该包括对调研目的和背景的描述、调研方法和工具说明、调研有效性说明、调研数据的统计呈现、调研数据的分析结果以及培训计划制订的指导建议。

2. **指导培训需求预测的注意事项**

（1）培训调研时要注意分析方法的使用。针对不同的调查对象，要设计不同的调研方法。

（2）及时搜集第一手材料。在培训需求现场调研结束后，要对搜集到的第一手资料进行归类，仔细分析、总结、提炼，同时要与以往的培训以及所做的培训需求分析进行对比，认真总结回顾，发现自身存在的问题，避免出现同样的错误。

（3）在完成需求分析报告后，根据需要向管理层和学员代表进行呈现。呈现的目的是获得管理层的认同，获得参与未来培训活动的承诺。在呈现时，需做到结论鲜明、论据充分、逻辑清晰。

五、地区与行业发展对培训需求的影响

1. **地区发展对培训需求的影响**

人力资源是第一资源，地区发展离不开人才。只有各类人才各显其能，才能推动地区经济社会高质量发展。近年来，全国各地纷纷出台各种人才引进、职业培训等相关激励政策，多措并举优化人才发展生态，激发人才发展活力。越来越多的地方已经意识到，除了引进人才，在如何培训人才、用好人才等方面也应下功夫，加强人才培训是解决地区发展对人才需求的重要措施之一。在开展培训需求预测时，应充分考虑地区发展对培训需求的影响，主要包括以下4个方面。

（1）地区劳动力市场供求情况。

（2）地区失业问题带来的影响。

（3）积极就业政策带来的影响。

（4）在人才使用方面信息不对称的问题。

2. **行业发展对培训需求的影响**

行业发展与人才集聚相辅相成。行业的发展变化和新职业的形成，往往会给人才类型、人才知识与能力的结构等带来影响，从而带来新的培训需求。例如，近年来直播已逐步成为一种电子商务新模式，导致传统零售行业对直播相关人才的需求激增。在直播中，团队的选品和运营等商业能力至关重要，因此商品选品

员、视频创推员、平台管理员等新型人才非常抢手。目前直播销售员相对缺乏，直播人才培养的需求激增，全国各地直播培训基地应运而生。此外，由于人工智能、智能手机普及等因素的影响，职业培训的方式呈现出网络化、远程化、移动化的趋势，由此带来网络课程制作、直播课程制作、微课制作、慕课制作等方面培训需求的激增。

因此，在开展培训需求预测时，需要充分考虑行业发展对培训需求的影响，并根据行业发展的趋势变化和新职业的出现，及时预测培训市场的走向，发现新的培训需求，从而开发满足行业发展和新职业需要的相应的培训项目。

技能1 利用三层次模型分析培训需求

一、操作准备

1. 熟练掌握该模型的结构。
2. 做好相应的数据统计。

二、操作步骤

步骤1 组织分析

（1）人力资源分析。将组织目标转化为人力资源需求、技术需求以及为满足这些需求而制订的计划。

（2）效率指标分析。针对目前组织的效率状况进行分析。常用的效率指标包括工资成本、产品的数量和质量、设备利用情况等。

（3）组织气氛分析。用于描述组织气氛是否适宜，员工各方面的工作感受如何。如果通过分析发现差距很大且影响大部分员工，就有必要通过培训解决。

步骤2 任务分析

（1）选择待分析的关键岗位。

（2）列出岗位工作任务清单。

（3）确保任务清单的可靠性和有效性。明确该任务的频率、完成该任务所需要的时间、该任务的重要性、学习该任务的难度、该任务对员工的要求。

（4）明确工作任务可接受的绩效标准。

（5）明确胜任工作任务所需要的知识、技能、经验、个人特质等。

步骤3　人员分析

（1）对工作岗位上人员的工作现状进行评价。

（2）通过现状与标准的比较，查找绩效差距，分析、识别并确认绩效差距的深层次原因。

（3）确定解决方案（包括但不限于培训解决方案）。

三、注意事项

在进行人员分析时，应该注意区分以下3个问题，并选择相应的解决方案：学员会不会做；学员愿不愿做；学员可不可以做。

技能2　利用基于胜任力的分析模型分析培训需求

一、操作准备

1. 了解基于胜任力的分析模型的内涵。

2. 掌握分析方法。

二、操作步骤

步骤1　访谈、调研，搜集素材

对尚未建立各岗位胜任力模型的企业，可以通过访谈和调研，搜集起草胜任力要素的素材。访谈提纲由基本情况、工作分析、行为事件访谈3部分组成。

步骤2　提取胜任力要素

在访谈结束后，将所有的访谈记录集中起来，寻找有经验和能力的分析者，对内容进行提炼、概括，对描述关键能力的文字、词汇、短句出现的频率进行定量分析。

步骤3　定义胜任力与行为指标

定义胜任力与行为指标是为了使得胜任力直观、清晰、可考察、易测量。指标的定义一定要用一些行为来体现，必须是描述行为的语句，可以直观看出符合或者不符合。

步骤4　对胜任力进行分类

将访谈后提炼出的胜任力要素进行分类。分类方法可以根据实际情况确定，例如，可以分为职业素养、知识、技能/能力三类，也可以分为核心素质、专业知识、关键能力三类。

步骤 5　对胜任力进行排序

在胜任力要素形成之后，可以采用 360° 访谈法或者问卷法对各胜任力要素的重要性进行排序，并确定能力要求水平。

步骤 6　对现有岗位员工进行能力测评

运用工具进行测评：核心素质可以采用结构化面试、360° 反馈、心理测评工具等；关键能力可以采用工作成就分析、结构化面试、360° 反馈、小组评价法等。

步骤 7　确定培训需求

根据测评结果，对比员工实际工作岗位能力与岗位胜任力要求的差距，发现和确定培训需求。

三、注意事项

1. 胜任力模型的构建需要多方研讨，不能仅依靠单方或少数几方人员的主观意见建立。

2. 测评工具的适用性、有效性是准确确定员工能力水平的关键，也是确定差距（培训需求）的关键，因此，需要审慎选择测评工具。

培训单元 2　职业培训项目策划和审定

1. 职业培训项目策划的要点。
2. 职业培训项目审定的对象、内容、原则、方法和流程。
3. 指导撰写和审定培训需求分析报告。
4. 指导撰写培训项目立项报告。

一、职业培训项目策划

职业培训项目策划是指在对人力资源市场需求进行调查、分析的基础上，从社会经济发展和培训需求情况出发，对培训项目进行选择，对培训进行整体安排和设计，对培训的目的目标、培训重点内容和培训项目开发经费预算等一系列事项作出设计或框架性设想的工作。

一般来说，培训项目可以分为企业内部培训项目和社会职业技能培训项目两种。社会职业技能培训又可以分为两类：一类是已有职业和国家职业标准的培训项目；另一类是尚未认定为新职业的培训项目。对培训项目的策划，要根据不同的项目采取不同的方法。一般来说，项目策划要按照以下步骤进行。

1. 开展培训需求调查、分析和预测

广泛开展人力资源市场需求调查，对收集到的各种培训需求信息进行分类整理与统计，并进行科学分析，识别培训项目需求，运用科学的方法，预测培训需求的规模与结构，从而确定是否开展某个职业（工种）的培训。

2. 对培训项目策划作出整体安排

确定把某个职业（工种）作为培训项目后，应了解该项目属于哪种类型。对于尚未认定为新职业的项目，只能开展技能培训，只有待该职业经申报后认定为新职业，才能作为职业培训项目进行培训。

3. 明确培训项目目标和重点内容

所确定的培训项目具备培训条件后，要进一步明确培训项目的目标和重点内容。培训项目目标是实施项目所要达到的期望结果，培训项目的实施过程实际就是一种追求预定目标的过程。

4. 界定培训项目范围

界定培训项目范围是项目策划活动中较为关键的一项基础性工作任务，确定培训项目范围就是确定哪些培训内容是属于项目的，哪些不是包括在项目范围内的；确定培训对象是谁，哪些人不属于培训对象。恰当界定培训内容范围和培训对象范围，对于项目成功具有十分重要的意义。

5. 培训项目的阶段划分

在策划培训项目过程中，需要对项目进展阶段进行划分，需要在项目执行过程中利用这些重要的时间节点，对项目的进程进行检查和控制。

6. 培训项目可行性分析

项目可行性分析是对拟开展的项目进行全面的分析与论证，从而对其做出可行或不可行评价的一种科学方法。它是项目前期工作的重要内容，是项目决策中必不可少的一道工作程序。

培训项目可行性分析主要考虑项目实施的可能性、可操作性等问题，例如，

分析项目立项的条件是否满足，对培训可能遇到的难点和突发问题能否应对，培训组织实施者是否具有此类项目的专业背景、组织和管理经验以及培训项目预算等。

7. 培训项目立项

在完成培训项目可行性分析之后，可以通过召开项目审定会议等形式，验证此项目是否可实现预期目标、是否可操作，从而确定是否批准立项。

二、职业培训项目审定

1. 培训项目审定的对象和内容

培训项目审定的对象一般包括培训项目的方案、计划、报告、申请、课程、教材、题库、成果等。为了便于描述，以下统称为审定客体。

审定的内容一般包括审定客体的必要性、科学性、合理性、规范性、完整性、可行性、可操作性。

2. 培训项目审定的原则和方法

（1）集体审定原则。审定是一个集思广益、凝结集体智慧的过程，而不是某个专家或权威的个人行为，因此，需要成立特定的审定小组，按照一定的标准或规范，以及一定的程序进行审定。

审定小组的成员一般由两部分人员构成。一部分为资深专业人士，能够对审定客体提出具有指导意义的意见或建议；另一部分为相关管理人员，能够从管理的角度或资源调配的角度把握审定客体的可行性和可操作性。

（2）程序性原则。审定工作需要按照一定的程序和步骤进行，在一般情况下，需要召开审定工作会议，并按照会议程序分步进行审定。

（3）系统性原则。对审定客体的审定需要全面、完整，既要从宏观角度把握全貌，又要从微观角度把握细节，特别是对一些关键点、关键数据、关键指标等需要认真核实，确保准确、无误。

（4）规范性原则。规范性原则体现在组织规范、标准规范、程序规范、结论表述规范、报告书格式规范等多个方面。

3. 培训项目审定流程

培训项目审定流程一般分为以下 7 个阶段。

（1）介绍主题阶段。由审定会议主持人介绍会议主题、会议程序，介绍审定小组成员，推举审定小组组长等。

（2）标准宣讲阶段。审定小组组长进行审定标准宣讲，或主持制定审定标准，申明审定原则，确定审定依据或细则等。

（3）了解项目阶段。审定小组成员独立或集体研究审定客体，并就有关疑问做必要的记录或标记。为了有效利用会议时间，在实际操作中，这些审定客体可以在审定会议之前提前几天发给各审定小组成员，使其提前有所准备（需要保密的情况除外）。

（4）部门审定阶段。在被审定方及其他利害关系方回避的情况下，由审定小组按照审定标准或审定细则对审定客体进行充分讨论，并给出审定意见及建议。

（5）做出审定结论阶段。由审定小组做出审定结论，结论一般有3种：通过、基本通过、不通过。如果审定小组各成员意见不一致，在审定小组组长主持下，由各成员投票，按少数服从多数原则确定最终结论。

如果最终结论是基本通过或不通过，则该审定客体需要修改或重新制作，之后还需要再次审定，直至审定结论为通过。

（6）撰写审定报告阶段。在审定小组组长主持下，由审定小组撰写审定报告，并由审定小组全体成员签名。在审定报告中一般都会有标题、审定背景、审定内容、审定依据或标准、审定小组成员名单、审定程序、审定意见及建议、审定结论、审定日期等方面的内容。

（7）公布审定结果阶段。在一般情况下，需要向被审定方宣读审定报告，并征询被审定方意见，在被审定方没有异议的情况下，请被审定方在审定报告指定位置签名，之后，审定报告会发布给有关部门和人员备案，并作为下一步工作的依据和行动指南。

三、指导撰写和审定培训需求分析报告

1. 指导撰写培训需求分析报告

（1）培训需求分析报告的构成。完整的培训需求分析报告一般由以下内容构成：标题、调查分析的背景（目标）、调查分析概况（对象、方法、流程）、调查分析的主要成果、调查分析得出的结论、相关建议和说明、附录、报告撰写时间及执笔人、负责人等。

（2）撰写培训需求分析报告的注意事项

1）实事求是地反映调查分析的实际情况，不能主观臆造。

2）报告内容要全面，基本涵盖以上各项内容。

3）语言表述要准确（特别是结论部分），避免发生歧义。

4）要简明、扼要，说服力强。

2. 审定培训需求分析报告

（1）审定小组成员的选择。由于对报告审定的结果直接影响最终的决策，而决策后的培训开发与培训实施又涉及专业和管理两个方面，因此，审定小组应该由资深专业人士和相关管理人员两个方面的人员构成。

1）资深专业人士的选择。资深专业人士应该满足以下条件。

①对培训需求分析报告所涉及的工作岗位和工作内容较为熟悉，有多年该岗位工作的亲身经历，能够对需求分析报告中专业工作方面的实质性内容进行客观、准确的分析与判断。

②对培训需求的调查与分析过程较为熟悉，能够根据相关的原理、模型、操作程序、工作经验等分析、判断报告内容的科学性、合理性、客观性、准确性等。

③对职业培训工作较为熟悉，能够根据职业培训的一般规律分析、判断培训解决方案的科学性、合理性、可行性等，从而协助管理层做出准确的判断和正确的决策。

2）相关管理人员的选择。相关管理人员应该满足以下条件。

①对培训需求分析报告所涉及的岗位管理工作较为熟悉，能够从岗位工作标准、工作业绩考核、关键工作事件等方面分析、判断培训需求调查与分析的核心内容是否准确，所使用的方法和工具是否恰当，调查与分析工作程序是否科学、合理等。

②对成本和效益分析较为熟悉，能够从投入、产出的角度分析、判断培训所需要的投入及可能带来的收益，通过对比投入与产出，判断培训解决方案是否具有可行性。

（2）审定方法。一般采取听取汇报和集体研讨相结合的方法进行。由培训需求分析报告负责人或撰写人向审定小组汇报培训需求调查与分析的全过程及相关成果，并接受审定小组的当面质询或质疑，从而使审定小组成员能够准确掌握报告的全貌。

四、指导撰写培训项目立项报告

1. 培训项目立项报告的构成

完整的培训项目立项报告一般包括培训项目开发的名称、项目来源、申请部门或人员、必要性与可行性分析、培训目的与目标、培训项目的适用对象、培训项目开发的内容、时间进度安排、开发成果明细及验收标准、所需经费总额及明细和来源、预期的收益、项目开发团队的组织架构与任务分工、审核专家组意见、各级审批部门意见等。

2. 撰写培训项目立项报告的注意事项

（1）内容要全面、完整，基本涵盖上述各项内容。

（2）语言表达要清晰、明确，尽量不使用模糊性语言。

（3）要有较强的逻辑性和说服力，特别是"必要性与可行性分析"部分。

（4）工作任务要明确，并有明确的成果明细和验收标准。

（5）工作量和经费预算要尽可能准确。

（6）项目开发团队的组建和任务分工要慎重。

操作技能

技能1 培训需求分析报告审定

一、操作准备

1. 选择、确定审定人员，并成立审定小组。

2. 提前向审定小组成员发放待审定的培训需求分析报告，或在审定会议上由报告撰写人或负责人向审定小组成员介绍培训需求分析报告。

3. 组织召开审定会议。

二、操作步骤

步骤1 培训需求分析报告内容的审定

（1）审定需求分析报告内容的完整性。通过浏览需求调查分析报告的目录及相关内容，审定该报告的内容是否完整，是否存在核心或关键内容的缺失。核心或关键内容一般包括需求调查与分析的目标、对象、方法、流程、成果、结论等。

（2）审定需求分析报告的科学性。通过审核、分析报告中所采用的调查分析方法与工具，判断、确定其选用的调查分析方法与工具是否科学、合理，是否与培训需求调查分析的目标、对象、层次等相适应，是否能够获得客观、真实的培训需求信息。通过审核、分析报告中的培训需求调查分析程序,判断、确定其工作流程是否科学、合理。

步骤2　需求调查分析报告可信度的审定

通过对需求调查分析报告科学性的审定,判断、确定该报告是否具有客观性、真实性,即是否可信,报告所取得的成果是否可以作为决策的依据。

步骤3　根据报告进行培训的必要性审定

通过对报告所取得的成果及结论进行审核、分析,判断、确定根据报告进行培训的收益是否会大于培训所需要付出的成本。

步骤4　撰写审定报告

审定报告一般包括审定目的、审定对象、审定内容、审定方法、审定程序、审定意见与结论、相关建议、审定时间、审定地点、审定小组成员名单及签名等多项内容,上述内容应当完整。其中最关键的是审定意见与结论。审定意见应该明确表达审定对象(培训需求分析报告)在内容方面的优点和存在的不足,审定意见应该与审定结论协调一致。

三、注意事项

1. 审定小组成员的构成要科学、合理,避免出现"外行"审核"内行"的情况。

2. 严格按照审定的原则和程序进行审定。

3. 审定报告要仔细推敲,确保用词、用语严谨规范,避免出现歧义或偏差。

技能2　培训项目立项报告审定

一、操作准备

1. 选择、确定审定人员,并成立审定小组。

2. 提前向审定小组成员发放待审定的培训项目立项报告,或在审定会议上由报告撰写人或负责人向审定小组成员介绍培训项目立项报告。

3. 组织召开审定会议。

二、操作步骤

一般采取听取汇报与集体研讨相结合的方式进行审定。

步骤1　立项报告内容的审定

审定该报告的内容是否完整,是否存在核心或关键内容的缺失。

步骤2　审定意见的撰写

审定小组的意见需要说明审定的时间、地点、内容、审定意见、审定结论、建议等，最后是审定小组全体成员的签名及日期。

三、注意事项

1. 审定小组成员的构成要科学、合理，避免出现"外行"审核"内行"的情况。

2. 严格按照审定的原则和程序进行审定。

3. 审定报告要仔细推敲，确保用词、用语严谨规范，避免出现歧义或偏差。

培训单元3　组织制订培训项目实施方案

1. 制订培训项目实施方案的必要性。
2. 培训项目实施方案的构成要素。
3. 制订培训项目实施方案的原则。

一、制订培训项目实施方案的必要性

培训项目实施方案又称培训项目实施计划，是指为了实现培训目标而对培训实施工作每个细节进行统筹安排的工作方案或工作计划，是培训实施工作的行动指南。

制订培训项目实施方案，对于明确工作任务与职责、工作流程，确保培训工作有序进行，使各项工作责任具有可追溯性，意义重大。

二、培训项目实施方案的构成要素

按照如图1-5所示的培训实施管理模型，完整的培训项目实施方案一般包括培训设计、培训执行、培训评价3个阶段的内容。在实际工作中，如果第一阶段的工作已经完成，或已经有了具体的培训方案，则培训项目实施方案只需要具备后两个阶段的内容即可。

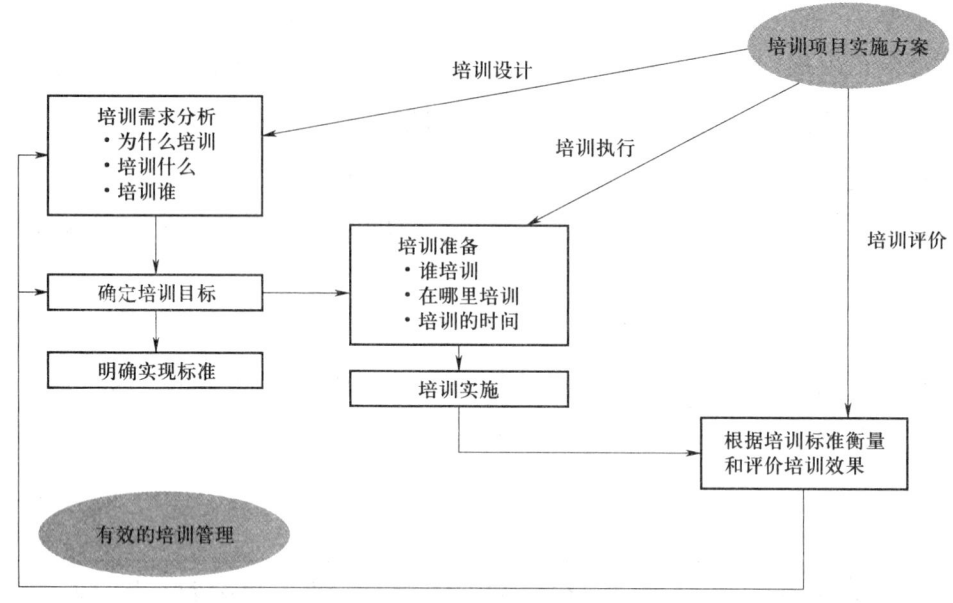

图1-5 培训实施管理模型

培训项目实施方案的内容一般包括培训的目的与目标，总体任务与分项任务（其中最为主要的是采用什么培训方式与方法、开设哪些课程），工作程序或工作流程（包括各课程的开设顺序、培训实施前期准备、中期管理与监控、后期的收尾与跟踪服务等），各项工作任务的人员安排（特别是培训师资的选择与确定），培训时间（总体起止时间与分项起止时间），培训地点与场所，培训过程的控制，培训效果的评估，各项任务的工作质量要求，资金设备等方面的配套保障措施等。

培训项目实施方案的呈现经常采用"文字＋表格＋图形"的方式，如条状图或进度表。不论采用哪种方式，都应该以清晰、明了、简洁为原则，尽量避免长篇大论。

三、制订培训项目实施方案的原则

1. 最佳时机原则

培训项目的实施应该把握最佳的时机。培训过早或过迟都会造成培训失去应有的价值。因此，在制订方案时，应该认真研究、推敲培训的起止时间。

2. 可操作性原则

应该综合考虑培训的时间、场所与场地、任课培训师、工作人员、后勤服务等多方面的安排，做到协调一致，尽可能避免冲突或其他意外情况的发生，确保培训项目实施方案的可操作性。

3. 经济性原则

为了确保培训后的效益最大化,应该认真计算培训所需要付出的成本和培训后可能带来的收益,兼顾成本和效率,并在此基础上确定方案中的各个要素。

典型案例

某培训机构心理咨询师培训项目实施方案

一、情景描述

心理咨询师培训项目是由某培训机构发起,面向社会招生并开展培训,致力于为社会培养更多优秀的心理咨询师人才的培训项目。某培训机构提供专业心理学知识和技能培训,使学员掌握心理咨询师的必备技能,通过考试取得相关证书。为确保培训项目取得预期效果,制订了以下项目实施方案。

1. 项目目标

(1)招生人数:××人。

(2)培训后考试合格率:×××%。

(3)利润率:×××%。

2. 项目进度规划

本项目进度分为以下5个阶段。

第一阶段,项目实施前准备。设计、完善项目所需宣传文案,××××年××月××日启动,7日内完成。

第二阶段,项目推广与招生。通过网络、平面媒体、讲座、机构合作等方式招生,45日内完成。

第三阶段,课程实施。运营线上班级社群,督促学员线上分阶段学习视频课程,50日内完成。

第四阶段,组织学员考试。

第五阶段,培训效果评估。调查学员满意度、通过率等数据,进行项目全面复盘与总结。

3. 培训方式和方法

线上直播、视频教学、题库模拟训练。

4. 课程安排

课程安排分为5个阶段，见表1-1。

表1-1 课程安排

课程学习阶段	主讲老师	学时	课程内容
第一阶段：基础理论	李老师	90	基础心理学、发展心理学、变态与健康心理学
第二阶段：操作技能	王老师	30	心理诊断、心理咨询、心理测验
第三阶段：冲刺训练	张老师	40	全真模拟考试、题库训练、应试技巧
第四阶段：社会热点实训	刘老师	20	亲子教育、婚姻情感、自我觉察
第五阶段：专项技能——催眠	章老师	20	催眠原理、催眠技术应用

课程安排是培训项目实施方案中的必备内容，包括课程学习阶段、主讲老师、学时、主要课程内容等要素。

二、案例分析

本案例将项目实施方案中的核心要素进行展现，体现的是培训机构为主导的商业化培训项目，在项目实施方案中，相应的财务指标会有所体现。项目进度规划全面地体现了项目的工作流程，明确了重要的时间节点，从而确保项目如期顺利推进。

操作技能

培训项目实施方案制订

一、操作准备

1. 准备相关资料。
2. 通知相关人员参加。

二、操作步骤

步骤1　培训时间的选择与确定

培训时间的选择以尽可能不影响学员本职工作，且尽可能多的学员能够达成共识为原则。

步骤2　培训师资的选择

培训师资的选择以职业道德良好、专业能力强且具有良好的口碑为原则。

步骤3　培训方式与方法的选择

在课程实施过程中，课程内容每个细节的实施方式与方法可以由任课培训师自己把握，给予其自由发挥的空间，只要能够实现课程目标、取得良好教学效果即可。

步骤4　培训地点与场所的选择

在确定培训地点与场所时，既要考虑学员、师资等交通、食宿的方便性，又要考虑周围环境的适宜性。

步骤5　培训过程的控制

可以将培训过程分为培训前、培训中、培训后3个阶段，每个阶段、每项任务都应该有专人负责，管理者还应该通过巡查、走访、听取投诉与汇报、通报情况等方式对培训过程进行实时监控。

步骤6　培训效果的评估

培训效果评估方式根据培训的目的与目标、培训项目的重要性、培训对象的特点、评估所需要投入的成本等多方面的因素确定。

三、注意事项

1. 培训项目实施方案的要素要完整。

2. 参与研讨的部门应该是培训项目实施方案所涉及的所有部门，不应出现缺漏现象。

3. 重点关注培训实施与企业正常工作的协调问题，必要时，需要对企业正常工作进行调整。

4. 确保把培训实施方案纳入相关部门的工作计划之中。

培训项目 2 审定培训课程开发方案和课程标准

培训单元 1　审定培训课程体系和开发方案

1. 培训课程体系的内涵与审定原则。
2. 培训课程开发方案的审定原则。
3. 培训课程开发方案的审定方法和步骤。
4. 指导培训课程开发的注意事项。

一、培训课程体系的审定

1. 培训课程体系的内涵

培训课程体系是指根据培训项目的性质和目标，按照一定的内在逻辑关系将一系列课程要素排列组合起来的系统。其内涵主要包括以下 4 个方面。

（1）培训课程体系建设需要专业的培训教学理论指导。例如，以建构主义学习理论为指导，可以建立有效促进学员自主学习、自我管理的培训教学模式和评价模式，突出学以致用，有利于学员在学习中体验工作的责任和经验，在工作中学习知识和技能，加快实现从学员到职业者的角色转换。

（2）以综合职业能力的培养为目标。培训课程的定位与方向、课程内容与要求、教学过程与评价等都要突出对学员综合职业能力的培养，注重培养学员的专业能力、方法运用能力和社会能力。

（3）以典型工作任务为载体。要围绕典型工作任务确定培训课程目标，选择课程内容和教学模式方法，构建相对应的培训课程体系，注重培训课程体系的实用性和针对性。

（4）以成果为导向。培训课程成果主要包括教学指导图、课程简介、培训师PPT、学员手册、培训师手册、案例素材集、学习活动集、测试题库等材料。

 相关链接

建构主义及核心要素

建构主义是认知主义的进一步发展。建构主义者更加关注学员如何以原有的经验、心理结构和信念为基础建构知识，更加强调学习的主观性、社会性和情景性。个体在进行学习的时候，由于先前的生活经验在头脑中保存着自己特有的认知图式，在学习过程中，通过与外界环境相互作用，建构新的认知图式，这种新的认知图式是创造性的，在性质上不是原有认知图式的延续。所以，与行为学派的理论相比，建构主义理论认为学习的过程是一种质的变化，是一种主动建构的过程，而不是被动的刺激反应过程。

建构主义的核心要素，可以归纳为以下5个方面，如图1-6所示。

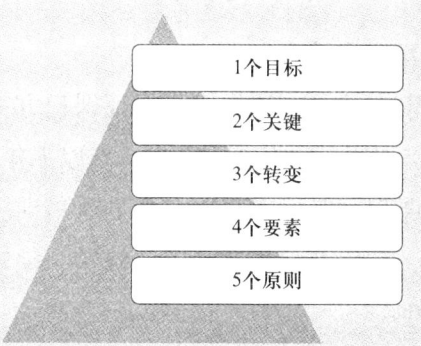

图1-6 建构主义的核心要素

1个目标：以学员为中心，帮助学员解决问题。

2个关键：学员为主体，职业培训师为主导。

3个转变：内容变问题，讲授变研讨，答案变共识。

4个要素：情境、经验、协作、对话。

5个原则：平等、程序、强化、精简、开放。

2. 审定培训课程体系的原则

（1）科学性。培训课程体系的构建过程应以科学、务实的态度为基础，边开发、边探索、边构建、边完善。要根据学员的实际需要，科学、合理地确定培训课程的层次以及课程的难度和高度。

（2）系统性。确立素质、知识与能力"三位一体"的课程教学目标，统筹安排课程教学内容、组织实施和教学评价等环节，科学分配理论教学与实践教学的时间，实现课程教学的最优化设计。

（3）发展性。紧跟科技进步和社会经济发展趋势，充分体现课程改革成果，更新教学内容，创新教学方法，为学员个性发展、全面发展奠定基础。课程设计应能够反映用人单位对员工职业能力的前瞻性需求，并适应员工未来的职业发展需求。

（4）实用性。课程内容必须符合企业相应职业岗位的实际需要，与国家和行业职业标准相结合，体现本课程教学目标的针对性、教学内容的导向性和教学方法的适用性。

（5）提升性。课程要具备"挑战性"，要将知识、能力、素质有机融合，要培养学员解决复杂问题的综合能力和高级思维。

二、审定培训课程开发方案的原则和方法

1. 培训课程开发方案审定的意义

培训课程开发方案审定的最直接作用是保证课程方案的质量和可行性，促进培训实施计划的落实和培训质量的提高。其意义有以下 4 个方面。

（1）能够优化培训课程方案。通过审定人员对培训课程开发方案的审定，找出方案的缺欠甚至错误，使之及时得到补充、修正、完善，从而提高课程开发方案的质量，增强其可行性。

（2）能够完善培训项目实施计划。完善培训课程开发方案，实际上就是在完善培训项目实施计划。通过对培训课程开发方案的审定，可以增加培训项目的亮点，可以匡正培训项目的偏颇，从而能够完善培训项目实施计划。

（3）能够为制定培训课程教学大纲、选择或编写培训教材打下坚实的基础。通过对培训课程开发方案的审定，形成质量较高的培训课程方案，势必能够为培训课程教学大纲的制定奠定坚实的基础，也能够为培训教材的选择或编写提供可靠的依据。

（4）能够增强课程方案开发者的实践经验和研发能力。通过对培训课程开发方案的审定，对培训课程开发方案予以肯定或基本肯定的，能够有效地激励方案开发者的积极性和创造性，也能够不断地提高课程开发方案开发者的思维能力和开发能力。

2. 培训课程开发方案审定的原则

（1）公平、公正、公开的原则。公平，不论对谁都一视同仁，不能因人而异，更不能看领导者的态度行事；公正，就是用以审查的标准或尺度必须是明确的、科学的、正确的，不能模棱两可，似是而非；公开，是指审查的标准、过程、结果，要根据实际情况具有相应的透明度，要尽可能公开。

（2）科学性和可行性相结合的原则。科学性是指制定审查标准和审查方法要科学，要准确地、客观地、实事求是地反映课程开发方案的实际水平。审查时所搜集的信息资料要完整、真实、可信，尽量减少主观臆断和估计、猜测的因素。

可行性是指审查标准可以测量，审查方法可以操作，简便易行。科学性要求审定标准尽可能细致、全面，但标准过细、过多则不便掌握和操作，而过于简单又无法达到审定的目的。

（3）理论和实际相统一的原则。审查课程开发方案，不仅是在培训开始之前对书面方案的审查，而且要贯穿培训过程的始终。在实践运行中，要考查其与培训项目要求契合的程度，考查其对培训目标的贡献率的大小，考查送培单位和受训学员的满意度。

3. 培训课程开发方案审定的内容

课程开发方案审定的内容，通常包括方案的指导思想、方案开发的实施步骤，以及方案的具体内容3个方面。

（1）对于课程开发方案指导思想的审定。该审定主要是通过方案本身的各项具体内容审查方案是否贴近企业培训工作的总体目标；课程开发方案是否有利于课程体系自身的发展完善；课程开发方案是否有利于对培训质量的有效评价。

（2）对课程开发方案实施步骤的审定

1）研究培训项目计划，吃透培训要求。

2）分析培训需求，做到有的放矢。搜集信息资料，进行加工筛选，验证课程开发方案。

3）把握内在联系，分析其关联性。审定方案的实施步骤如同审定指导思想一样，是通过具体内容的反映进行的间接审定。因此，要求审定人员具有丰富的工作经验，同时，还要具备较强的分析判断能力。

（3）对于培训课程开发方案具体内容的审定。该审定主要是审定培训课程开发方案本身是否具有科学性、适用性和先进性。

4. 审定培训课程开发方案的步骤

审定培训课程开发方案，一般按照以下步骤进行。

（1）成立审定小组。该小组可以由相关主管领导、培训部门负责人、相关专业领域的专家组成。

（2）制定审定标准。审定标准应包括审定原则、审定内容、审定项目及权重、审定办法等要素。

（3）搜集有关资料。培训需求分析、培训项目实施计划、培训实施条件以及其他相关资料，都要尽可能搜集齐备。

（4）实施审定。在审定时，首先听取被审定单位代表对方案的总体介绍，然后依据审定标准对方案进行逐条、逐项的审查。对于较好的方案要注意找出其缺点和不足，对于较差的方案要注意发现其中的特色和长处。

（5）形成结论性意见。在方案审查工作的最后，要根据审定标准，划定相应的等级，如可行、基本可行、基本不可行、不可行。同时，每一等级都要有明确的解释，便于他人理解。然后按照方案的实际情况，根据划定的等级，形成结论性意见。

（6）拟定可行性报告。课程开发方案如可行或基本可行，要由审查人拟定可行性报告。报告的主要内容包括审查对象、审查依据、审查结论及理由、修改意见、对实施培训教学的建议等。可行性报告要做到结论明确、理由充分、意见和建议清楚、便于操作。

5. 培训课程开发方案审定的主要方法

（1）听取受审单位代表或方案起草人汇报。通过听取汇报，了解方案的构思、起草的过程，以及工作过程的问题，对方案审定工作产生初步印象。

（2）召开座谈会收集意见。召开各种座谈会，广泛征求各方面的意见和反映，使报告审定结论更加全面和准确。

（3）对培训过程进行跟踪调查。方案初步通过后，审查工作并没有完全结束，还要对培训教学过程进行跟踪调查，在实践中检验课程方案的可行性，及时、有效地进行信息反馈，对发现的问题及时调整、改进。

三、指导培训课程开发的注意事项

1. 确定沟通指导计划

培训课程开发指导者与培训课程开发负责人共同确定指导工作方式和制订时间进度计划。

2. 按计划审阅开发阶段性成果并反馈意见

培训课程开发指导者要对开发的阶段性成果及时进行审阅，提出修改完善意见，及时纠偏。

3. 注意指导课程开发人员运用课程开发新技术、新理念

注意指导课程开发人员跟踪学习和运用最新的课程开发技术和理念。

培训单元 2　审定培训课程标准

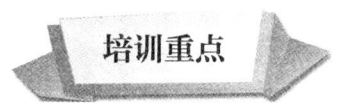

1. 培训课程标准的概念及构成要素。
2. 编制培训课程标准的方法。
3. 审定培训课程标准的原则及注意事项。

一、培训课程标准的概念及构成要素

1. 培训课程标准的概念

培训课程标准是规定培训课程性质、课程目标、教学内容、实施建议的培训教学指导性文件。

培训课程标准通常包括内容标准（划定学习范围、重点）和表现标准（明确学员应达到的水平），反映组织方对学员培训结果的期望。

2. 培训课程标准的构成要素

培训课程标准构成要素包括课程性质、课程价值、课程理念、课程标准设计思路、课程目标、课程内容及标准、课程实施建议、课程评价等。培训课程标准一般不包括教学重点、难点等具体内容。

在撰写培训课程标准时一般包括以下 4 个部分。

（1）课程概述。这一部分内容主要包括课程的性质、基本理念和课程标准的设计思路，要求对课程的性质、功能做定性描述，阐述课程设计的基本理念，并说明本课程标准的设计思路。

（2）课程目标。根据培训教学要求，确定知识、态度、技能 3 个方面的课程目标。课程标准中的目标主要是按结果性目标和体验性目标描述的。结果性目标主要用于对"知识与技能"目标领域的描述，而体验性目标则主要用于反映"过程与方法""情感、态度与价值观"等目标领域的要求。无论是结果性目标，还是体验性目标，都应尽可能地以便于理解、便于操作和评估的行为动词描述，见表 1-2。

表 1-2 课程目标

类型	常用语	案例	备注
知识、概念类	了解、理解、认识、记住、明白、领悟	认识管理者的职责要求，理解团队组建的三大原则	具体到知识点
态度、观念类	转变、强化、认可、提高、改善	强化以身作则的认识，转变学习态度	
技能、技巧类	掌握、运用、增强、提高	掌握浸润式沟通的三个技巧，提高团队协作能力	最好具体、量化

（3）课程内容及标准。根据培训教学要求和课程目标，确定课程内容和要求，说明学员应获得的技能和知识，合理安排学时和教学顺序。

（4）课程实施建议。根据课程实施的各个环节，提出教学方法建议、教材编写建议、教学资源开发和利用建议等。

二、编制培训课程标准的方法

审定培训课程标准时要注意审核编写者是否按照以下方法编写。

1. 以职业标准为依据——确定课程目标

国家职业标准是在职业分类基础上，根据职业活动内容，对从业人员的理论知识和技能要求提出的综合性水平规定。国家职业标准是职业培训和职业技能等级认定的基本依据，也是制定课程标准的重要依据。课程标准的内容要涵盖国家职业标准和企业岗位要求。

2. 以工作任务为引领——确定课程设置

课程设置必须与工作任务密切联系，一门课程应包含一项或多项工作任务。

要摆脱学科教育的思想束缚，改变"技术是科学的附庸"的理念，以工作任务整合理论与实践，从岗位需求出发，构建任务引领型专业课程，增强学员适应企业的实际工作环境的能力和完成工作任务的能力。

3. 以工作过程为主线——确定课程结构

课程标准的开发要对工作过程有全面的了解和分析，按照工作过程的实际需要设计、组织和实施课程，突出工作过程在课程框架中的主线地位，按照工作岗位的需要划分专业方向，打破学科课程的传统模式。

4. 以职业能力为核心——确定课程内容

要用"以能力体系为核心"取代"以知识体系为基础"确定课程内容，围绕职业能力组织相应的知识和技能培训，设计相应的实践活动。同时注意避免把职业能力简单理解为纯粹的操作技能，要突出职业领域的新知识、新技术、新工艺和新方法，注重职业情境中实践智慧的养成，培养学员在复杂的工作关系中做出判断并采取行动的综合职业能力。

三、审定培训课程标准的原则及注意事项

1. 审定培训课程标准的原则

（1）规范性原则。培训课程标准的文字表达要规范，技术要求和专业术语应符合国家有关标准和技术规范，文本格式和内容要符合有关规定的要求，既相对稳定又与时俱进。

（2）实用性原则。培训课程标准要切合实际，能适应职业发展的要求，与职业标准相结合。

（3）操作性原则。培训课程标准的各项内容和要求应清晰、明确，尽可能具体化、可度量、可检验。

（4）发展性原则。培训课程标准要具有前瞻性，能反映科学技术和社会经济的发展，体现职业发展趋势。

2. 审定培训课程标准的注意事项

职业培训课程标准的制定是一个系统工程，审定培训课程标准应重点注意以下4个方面。

（1）要以先进的职业培训理念为指导。培训理念是所有培训行为的出发点和归宿点。审定职业培训课程标准时应注意课程标准是否以先进的职业培训理念为指导，如终身学习的理念、多元智能的人才观、建构主义的学习观、能力本位的

质量观、过程导向的教育观、行动导向的教学观等。

（2）要建立有效的工作团队。审定课程标准制定时是否建立了相应的工作团队，是否切实担负起了课程标准制定的工作任务并确保课程标准制定工作顺利进行。

（3）要有充分的前期准备。审定制定课程标准时是否有充分的前期准备。第一，要从职业（工种）的实际情况出发，广泛地进行市场调研，形成调研报告；第二，在行业专家参与下进行工作任务与职业能力分析，确定职业能力标准；第三，由课程专家和行业专家进行课程结构分析，优化课程体系，形成课程计划；第四，由课程专家和行业专家共同进行课程标准的编制。

（4）要制定科学、合理的操作程序。审定课程标准的制定是否有科学、合理的操作程序。第一，根据职业（工种）的培养目标，以职业能力分析为出发点，找准核心能力；第二，根据课程应培养的某个核心能力，确定课程的定位、任务与目标；第三，依据课程的定位、任务与目标，针对核心能力，确定课程的知识、能力、技能和素质要求；第四，将已确定的知识、能力、技能和素质要求进行分类排序，构建课程内容体系；第五，落实课程的组织与实施细则；第六，建立考核指标体系和考核标准，提出学员评价考核方法。

 **小贴士**

课程标准与教学大纲的区别

教学大纲是根据课程内容及其体系和教学计划的要求编写的教学指导文件，它以纲要的形式明确规定本课程在专业教学计划中的地位和作用，以及课程的教学目的和任务、知识技能的范围与深度、教学内容体系结构以及教学进度和教学法的基本要求。它是编写教材和进行教学工作的主要依据，也是检查学员学业成绩和评估培训师教学质量的重要准则。教学大纲的结构一般分为3个部分，即说明、正文和附录。

相对于教学大纲来说，课程标准在课程的基本理念、课程目标、课程实施建议等几部分阐述得更为详细、明确，特别是提出了面向全体学员的学习基本要求。其主要是对学员在经过某一学段之后的学习结果的行为描述，而不是对教学内容的具体规定，这是课程标准与教学大纲的最主要区别。

对于教学大纲，培训师主要关注的是知识点发生了哪些变化，增加或删减了哪些内容，具体的要求和学时数是多少，在规定的时间内能否完成教学任务和达到教学目标。对于课程标准，培训师主要关注的是如何利用各门课程所特有的优势促进每一个学员的健康发展。不是仅仅关心学员对某个结论是否记住，记得是否准确，还要关注某项技能是否形成，并且运用起来是否得心应手。

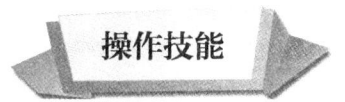

审定培训课程标准

一、操作准备

1. 搜集整理好培训课程标准。
2. 明确审定人员。
3. 明确审定时间和流程。

二、操作步骤

步骤 1　审定培训理念

培训理念是所有培训行为的出发点和归宿点，职业培训课程标准的制定只有以先进的职业培训理念为指导，才能很好地贯彻落实党的职业教育培训方针，体现素质教育和职业培训的特点，实现职业技能人才培养目标。

步骤 2　审定编制团队

课程标准的制定要建立相应的工作团队，切实担负起课程标准制定的工作任务，以确保课程标准制定工作的顺利进行。在审核编制团队时需要对团队成员的专业能力进行考量，确保课程标准制定的科学性、专业性。

步骤 3　审定编制前期准备

制定课程标准要有充分的前期准备，要从职业（工种）的实际情况出发，广泛地进行市场调研，形成调研报告。

步骤 4　审定编制内容

该步骤非常重要，通常围绕 4 个方面开展此项工作。

（1）审定课程教学目标。重视学员的学习目标，确保课程标准能够有效设定培训课程的教学目标。

（2）审定课程教学成果。对于教学成果有明确的要求和标准。

（3）审定课程标准的一级指标。重视指标维度的完整性、科学性。

（4）审定课程标准的二级指标。二级指标包含于一级指标中并对一级指标做进一步细化描述，明确细化要求。

三、注意事项

1. 审定培训课程标准时，要结合实践，注重实用性。
2. 注意课程标准和课程大纲的区别。

培训单元 3　培训课程开发预评估

1. 培训课程开发预评估的概念和要素。
2. 培训课程开发预评估的操作流程。
3. 培训课程开发预评估注意事项。

一、培训课程开发预评估的概念和操作流程

1. 培训课程开发预评估的概念

培训课程开发预评估是指在完成课程的单元设计后，需要对培训需求分析、课程目标、课程整体设计和课程单元设计进行评价。其目的是为课程实施阶段的工作提供决策依据。它是对课程开发成果（预期的课程）的评价，也就是对课程方案符合目标的情况及采用此课程可能取得的结果进行评价。

2. 培训课程开发预评估的要素

培训课程开发预评估的工作重点在于分析、比较、诊断和改进。在课程开发预评估过程中，重点对以下要素进行评价。

（1）培训需求分析。培训需求分析的评估内容主要是评估需求分析是否充分、准确地把握了培训学员的需求；培训需求侧重于认知、情感或精神方面的判断是否准确。评估方法通常是随机调查验证、分析已经编制的培训需求方案或报告。

（2）课程目标描述。课程目标描述的评估内容主要是评估课程目标描述是否全面、准确地反映了培训需求；课程目标同课程内容是否匹配。评估方法主要是审阅课程目标描述文本。

（3）课程整体设计。课程整体设计的评估内容主要是评估整体课程内容是否同培训需求保持一致；整体课程资源规划是否已经满足了教学需要；课程各单元之间是否存在交叉和重复；课程各单元时间安排和课程实施地点安排是否恰当。评估方法主要是审阅课程整体设计方案和课程整体资源清单。

（4）课程单元设计。课程单元设计的评估内容主要是评估单元内容和授课方法是否同整体课程的目标匹配，所有单元内容的总和是否与课程整体目标一致；单元授课材料和方法是否在课程整体设计的规划范围内；单元授课方法是否与学员的学习风格和学习特点一致；单元授课地点是否在课程整体设计的规划范围内等。评估方法主要是审阅课程单元设计方案和课程单元材料等。

3. 培训课程开发预评估的操作流程

（1）明确预评估的期限要求。课程开发预评估评价的目的在于查漏补缺，对培训课程实施前的各项工作和各类文案进行综合梳理。在培训课程开发的过程中，对这一阶段的工作往往重视不足，甚至在有些课程的开发过程中忽略了本阶段的工作。

明确预评估期限的目的就是确定在不影响课程实施的前提下，有多少时间可以对课程进行整体评价，评价时间的多少决定了评价工作的内容和重点。

（2）明确预评估的重点。理想状态下预评估的实施是对之前各项工作的全面审查，但受时间和其他因素的影响，绝大多数预评估难以达到理想的程度。因此，制定和明确预评估的重点非常必要。在明确预评估的重点时，可以参考以下标准。

1）预评估的重点数量控制在 3~5 个。

2）在确定培训预评估重点时，培训设计者可以"跟着感觉走"。例如，培训设计者在进行培训需求分析时，由于方法不当或时间紧急等原因，这一工作可能做得不到位，而一名合格的培训设计者能非常明确地感觉到在某些培训工作开展过程中可能存在的不足，从而可以帮助培训设计者确定预评估的重点。

（3）搜集、汇总预评估所需资料。在预评估的重点被确定以后，就需要搜集、汇总所有相关的已经完成的培训资料,包括培训需求报告、课程整体设计大纲、课程单元设计方案等。对于一些难以通过文本搜集的资料,应联系相关人员,通过与相关人员的交流,记录、整理相关信息,以备查阅。

(4)确认、分析、比较资料。对资料和信息进行确认、分析和评估是阶段性评估的重点。在开展这一工作时,应把握学员需求、课程目标与课程设计的匹配度和可行性。

(5)编列预评估问题清单。编列预评估问题清单是确认、分析、评估资料的结果,也是进行预评估这一工作的价值所在。培训设计者在编列清单时,可参考表1-3。

表1-3 预评估问题清单样例

问题概要	发现问题的依据	产生问题的原因	问题解决的可能性	备注

(6)拟定改进对策。拟定改进对策,主要是指针对发现的问题,在既定时间内进行调整和修订。对于那些需要耗费大量时间和较高成本才能解决的问题,应根据其严重程度采取折中对策。

 **典型案例**

某"精品课程大赛"如何实现课程预评估

一、情景描述

某企业的技术专家任老师,连续2年获得某"精品课程大赛"冠军。该大赛根据"精品课程百人专家团"的众多专家意见,以"建构主义7D精品课程开发"(主题设计、结构设计、内容设计、成果设计、材料设计、亮点设计、综合设计)作为基础蓝本,综合众多课程开发理论、技术、模型,共同研发评选标准,为大赛提供评比依据。

1. 比赛规则

比赛方式：课程资料包审核+现场说课。

（1）评委提前对参赛课程的资料包进行全面审核，初步判断，再结合说课环节的情况对参赛课程进行综合评价。

（2）现场说课时间：10分钟说课+5分钟答疑。

2. 说课内容、方式

（1）课程背景：课程名称、课程目标和价值、课程对象、课程的时长（以小时计算）。

（2）课程设计：课程结构、课程内容、教学方法和策略、时间安排、重点设计等。

（3）总结：对重点内容进行说明，如课程的价值、卖点和亮点。

（4）说课的方式：介绍课程结构图、介绍培训师版课程PPT、展示说课PPT以及相关的课程包。

3. 参赛课程资料包："三件套"+其他

（1）必备"三件套"：课程简介及大纲、课程教学指导图、培训师版课程PPT。

（2）课程相关的资料，包括案例、学习活动、音视频资料、教具等。

4. 参赛课程时长：以小时为单位

（1）企业内部培训课程3小时以上（包括3小时）。

（2）商业培训课程6个小时以上（包括6个小时）。

5. 评比标准见表1-4。

表1-4 评比标准

一级	分数	二级	分值	权重
课程主题	15	1. 课程价值	5	15%
		2. 课程对象	5	
		3. 课程目标	5	
课程结构	20	4. 整体框架	5	20%
		5. 逻辑结构	5	
		6. 课程重点	5	
		7. 时间规划	5	

续表

一级	分数	二级	分值	权重
课程内容	40	8. 理论依据	5	40%
		9. 要点提炼	5	
		10. 案例实效	5	
		11. 案例呈现	5	
		12. 课件制作	5	
		13. 学习活动	5	
		14. 需求匹配	5	
		15. 配套资料	5	
教学方法	15	16. 教学理论	5	15%
		17. 培训方式	5	
		18. 策略合理性	5	
整体设计	10	19. 开发难度	5	10%
		20. 整体特色	5	

二、案例分析

在本案例中，任老师用自己研发的原创课程参加比赛，实现了课程预评估。

1. 任老师的课程并没有真正实施，评委通过课程资料及课程介绍完成评审，符合培训课程开发预评估的概念。

2. 任老师通过说课环节，详细展示课程相关资料，包括课程需求分析、课程目标描述、课程亮点、课程特色等，并通过教学指导图说明课程整体设计和单元设计。满足课程开发预评估的工作重点，通过预评估要素进行分析、比较、诊断等。

3. 评委通过对任老师提交的配套资料包，预评估课程的可实现性，并通过评比标准进行确认、分析、比较，提出优化建议，符合课程开发预评估的操作流程。

二、培训课程开发预评估注意事项

1. 注重针对性

要注意判断、分析目标学员的特点是否与该课程设计相符合。

2. 保证实用性

要注意判断课程实施的可行性，特别是运用的教学方法、教学环境是否与师资资源和设备资源相匹配。

3. 考虑独特性

职业培训机构在做预评估时需要考虑不同机构的独特性，进行多层次、多维度评估。

培训课程开发预评估

一、操作准备

1. 起草一份课程开发评估标准（草案）。
2. 组织相关部门和专家对课程开发评估标准（草案）进行研讨。
3. 确定课程开发评估标准。

二、操作步骤

步骤1　确定预评估的时间

预评估的时间安排应在不影响课程实施的前提下，且尽可能全面地评估课程开发的内容。

步骤2　明确预评估的重点

根据课程开发评估标准确定预评估重点，明确、细化相应指标。

步骤3　确定预评估的方式

这里的预评估方式是指课程预评估的具体实施方式或者预评估规则，课程开发者可以根据规则展示课程评估内容，对标课程开发评估标准，以实现课程开发预评估。

步骤4　搜集、汇总预评估所需资料

明确预评估所需的必备资料和辅助性资料。

步骤5　确认、分析、比较资料

对标课程开发评估标准对资料进行确认、分析和评估，在开展这一工作时，应把握学员需求、课程目标与课程设计的匹配度和可行性。

步骤6　完成课程开发预评估

对于课程开发进行预评估,形成有效评估并确定改进对策。

三、注意事项

1. 课程开发评估标准(草案)的要素要完整。
2. 确保课程开发预评估所需资料的真实性。
3. 预评估后发现的问题要及时形成问题清单并确定改进对策。

培训项目 3 指导开发和审定职业培训教材

培训单元1　指导开发职业培训教材

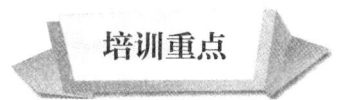

1. 现代职业培训教材的发展新趋向。
2. 职业培训教材的类型和特点。
3. 职业培训教材的结构模式和开发指导。
4. 示范性职业培训教材的开发方法。

一、现代职业培训教材的新趋向

教材是教学的基本工具，是知识、技能、态度、经验的载体，是教学内容的物化形态。职业培训教材是根据一定的教学任务而选择、组织的反映具有一定深度和广度的知识和技能体系的材料。各类职业培训教材都具有引导教学方向、稳定教学秩序、创新教学内容、推动教学改革、规范教学实施、提高教学质量的重要作用。

与其他教材相比，职业培训教材在功能上要突出职业引导功能，在内容选择上要注重职业针对性，在内容组织上要强化职业系统化，在内容呈现上要突出职业能力形成的心理特点。同时，职业培训教材还要努力追求职业技能和职业精神的高度融合。

作为一级职业培训师，在指导开发培训教材的时候，首先需要了解国内外培训教材的新理念、新技术和优缺点，根据发展趋势指导开发符合要求的职业培训教材。

1. 国内发展趋势

在国内，现代职业培训教材的新趋势主要体现在以下方面。

一是在内容上全面适应类型培训、终身培训和新学情需要的宗旨，采取适当的开发理念，对教材内容选择、内容组织、内容呈现（含资源配套）、评价支持进行系统的重构，打破学科导向的教材模式，适应学习内容类型化、培养途径类型化、学习方式类型化要求的新型教材成为教材发展新趋势，旨在培养高素质技能人才。

二是在形式上灵活多样，除传统形式的教材外，活页式、工作手册式、数字化、融媒体等多种形式成为教材发展新趋势，适应教学实际需要。

三是体现产教融合，突出技能训练，体现新技术发展需要。

2. 国外发展趋势

在国外，职业培训教材依据各国实际情况，呈现出标准化和多元化的发展趋势。

德国作为职业培训发达的国家，在以职业学校与企业合作且以企业为主，共同培养技术技能型人才的职业培训制度和人才培养模式的总体要求下，宪法、基本法以及各州学校法关于教育目标的规定是教材编写的根本依据，州文教部长联席会议建议的"框架教学计划"与联邦政府颁布的《职业培训规章》，共同规范了"双元制"职业培训体系下教材的整体目标与具体内容。

在另一些国家，职业训练中职业培训师自编教材占绝大多数。职业培训师自编教材通常是以非正式印刷品的形式发给学员，或是在教学过程中根据需要随时印发复印件。这种多元、灵活的体系，实现了教学资料的不断修改、不断更新，可以将专业领域内最新的成果应用到教材中去。除此之外，职业培训师自编教材还呈现出图文并茂的显著特点，内容生动且易于理解，能有效培养学员学习兴趣，提高学习效率。

二、职业培训教材的类型、结构模式和开发指导

1. 职业培训教材的类型

随着新时代职业培训发展的需要和培训教学技术的进步，职业培训教材的类型也不断创新，较具有代表性的主要有以下 4 种。

（1）活页式教材

1）活页式教材的概念。活页式教材的主要创新点在于教材内容选择上的灵活

性、便利性和教材功能上的可拓展性。随着能力本位的课程开发模式的成熟，按照职业能力模块组织活页式教材成为一种可行的技术路线。活页式教材以培养能力为目标，突出学习成果导向，具备结构化、模块化、灵活性、可重组性等特点，适应学校和企业两种学习场所交替的学习模式，符合职业培训教学特点和学员自主学习的特征。

根据实际需要，活页式教材按照内容的组织方式又可以分为3种模式：一是典型活页教材，以活页夹等方式分类保存各类学习内容；二是模块活页教材，采取完整模块固定装订，不同模块活页组合，兼顾了完整性和灵活性，也便于保存；三是补充活页教材，将教材统一要求的主体部分固定装订，而对部分个性化的、实效性较强的内容以活页形式呈现。

活页式教材的意义在于：缩短生产进步、工艺改进以及新经验积累到学员之间的距离和时间（内容鲜活）；根据学员及其环境有效调整教学内容以及强度，使学员获得能力的增益（组合高效）。

2）活页式教材的特点。活页式教材最主要的特点是能力本位、活页装订、模块组合、成果输出、资源配套。

①能力本位。能力本位是指教材开发在指导思想上最大限度地帮助学员构建和内化职业能力，教材内容既有技术理论知识，也有技术实践知识，根据企业对职业能力的要求，科学选择、安排与职业能力形成有关的各项技术理论知识、技术实践知识、关于学习的知识，并将其整合为单项能力，进而再构建综合能力，所需的技术理论知识和实践知识源于企业工作（内容"双元"），避免出现能力形成条件缺失的情况。

②活页装订。活页式教材包含作为主体的教学内容活页以及活笔记页、教学资源包和其他教学资料。活页式教材方便取出或加入内容，或调整模块顺序等，如交作业、加入笔记、替换旧内容、加入新技术内容和企业学习内容等。

③模块组合。活页式教材通常以能力单元为单位编写教学模块，并将这些能力模块以活页的形式串联起来，强调明确的能力目标，不强调学科体系完整。

④成果输出。活页式教材在使用过程中有足够多的学习输出要求，以证明学员"会了、懂了"。例如，"用自己的语言说出来，必要的写出来和做出来"等。

⑤资源配套。活页式教材需要较为系统、完整的教学资源支持。这些资源包括相关的教学课件、图片、视频、动画、模拟题库等。

（2）工作手册式教材。工作手册是企业为了提高学员工作的规范性、提升效率和质量而设计的指导性文件，主要包括企业文化、部门工作职责、工作人员岗位职责、工作标准、工作流程、安全生产须知等内容。工作手册的基本功能包括信息沟通、质量标准提示、工作经验共享、工作业绩考核等，其基本特点是简明、专业、实用。工作手册式教材的主要创新点在于将教材内容按照工作过程进行系统化，并根据技能人才的成长特点和教学规律，对学习任务进行优化排序，以适应"做中学"的技能学习特点和"产教融合"的教学模式，提供诸如"应知""应会""安全须知"等现场指导信息，能够满足学员在工作现场学习的需要。

工作手册式教材的基本特征可以归纳为学员本位、需求导向、工作逻辑、动态生成。具体特点主要有以下4个方面。

1）教材理念上体现学员本位。工作手册式教材提供学员学习的"任务单"，在学习过程中，方案设计、任务实施、成果检查都由学员完成。教材重视工作过程的体验，并提倡学员在工作场所的自主学习中建构知识和技能。

2）教材目标上体现需求导向，突出价值引领和新的现代技术技能学习。

3）教材内容组织上体现工作逻辑。工作手册式教材开发的基本流程是通过一定的分析方法提取典型工作任务，经过教学化改造形成学习任务，进而确定每个学习任务的学习目标、实施步骤、相关知识、评价内容、课后练习等。

4）教材功能上体现动态生成。工作手册式教材是一种与技术发展同步的生成性教材，可缓解传统教材修订更新滞后的问题。付诸出版只是预设性的教材开发过程的完成，而在这之后，教材还可以继续更新完善。

 **典型案例**

《工业机器人技术》工作手册式教材设计

一、情景描述

工业机器人技术是一门理论基础与工程实践并重的专业核心课程，是现代化智能制造领域的前沿课程。当前教材缺失"职场"要素，忽略"岗位"在课程体系构建过程中的导向作用，造成技能人才培养与产业发展需求相脱节。

工作手册式教材设计面向工业机器人领域，立足行业岗位需求，结合传统课程内容，进行剖析与提炼，得到构建工业机器人技术课程体系的最小元素：知识点和技能点。通过顶层统筹和优化重构，将提取的知识点和技能点封装进知识模块和技能模块中。

《工业机器人技术》工作手册式教材源于岗位设计，遵循技术技能人才的成长规律，采用"基础模块—应用模块—综合模块"进阶式架构。搭建每个模块所包含的项目即为教材内容，完成项目需要若干知识模块和技能模块的支撑。

1. 基础模块。以能力认知为主，如工业机器人走圆走方操作、手动轨迹生成和自动轨迹生成、导轨与变位机的选型和使用等，培养基础扎实的自动化人才。

2. 应用模块。注重能力应用，带领学员在认知的基础上独立完成指定任务，如汽车尾气管的多端焊接任务、发动机缸体自动码垛拆垛任务、台灯自动安装任务等，培养应用强的自动化人才。

3. 综合模块。强化岗位能力的综合应用和创新发展，使学员能够通过相互沟通和协作，基于模拟软件和先进生产线硬件，完成整条生产线的功能设计、改造升级和创新开发，为培养"宽口径"自动化人才提供平台。按照了解—计划—决定—实施—控制—评估的流程，要求学员采取小组合作的模式领取项目任务单，在项目执行过程中引导学员按照"六步法思考方式"完成任务分析、小组分工、计划拟订、资料搜集、知识学习、报告展示和沟通交流。

二、案例分析

通过工作手册式教材设计，实现教学模式的转变，职业培训师在课堂中不再是教导者和灌输者，而是任务发布者和支持协助者。激发每一位学员的自主性、内驱力和合作性，使其在习得知识点、技能点的同时，提升"发现问题—分析问题—解决问题"的自我思考能力和自我管理能力。

（3）立体化教材

1）立体化教材的概念。立体化教材是在 21 世纪初随着信息技术的普及而出现的一种新形态教材，它是纸质出版物、音像出版物、电子出版物、网络出版物等多种出版形式的立体化组合。

立体化教材是在传统纸质教材基础上，融入现代教育技术，采用网络技术平台，以大容量、多媒体、多用途、多层次的教学资源和各种教学服务为内容的结构化出版物。其目的就是通过提供多种教学资源，最大限度地满足职业培训师和学员的需要，提升教学和学习体验。

2）立体化教材的特点。立体化教材必须以纸质教材为背景和基础。纸质教材提供资源的组织逻辑，各种外链资源改善了内容呈现与使用方式。主要有以下3个特点。

第一，立体化最大的特征是数字化，能在短时间内完成内容更新，解决了教材更新滞后的问题。

第二，相较于传统纸质教材的静态呈现方式，立体化教材活化了文字与静态图片的表达方式，在线视频、在线动画等解决了纸质教材单一、枯燥的问题，提高了信息传送效率。

第三，立体化教材扩大了纸质教材的内容容量，突破了内容容量的限制，拓展了纸质教材的功能。例如，某些岗位技能与职业能力，职业培训师可能难以讲解，学员也难以理解。立体化教材可以通过短小精悍的微课、动画等讲述较抽象的理论知识和工作流程，可以通过虚拟现实和增强现实技术将结构复杂、体积庞大的零部件、危险性高的操作技能和工作流程，甚至灾难性事故现场进行呈现，解决了部分实践、实训难以开展的问题。

（4）智能化教材

1）智能化教材的概念。随着移动互联网、智能终端的普及，基于智能手机、平板电脑等移动终端的数字化学习时代随之到来，智能化教材应运而生。智能化教材通过对内容呈现和学习支持的深度创新，为学员提供全方位的学习支持。

2）智能化教材的特点。智能化教材是移动互联网和大数据技术的产物，其延续了立体化教材的富媒体性、交互性的特点，融合了当下新兴的虚拟现实和增强现实技术，有助于教材发挥职业能力培养的载体作用。

2. 职业培训教材的结构模式

目前，在职业培训实践中广泛应用的教材主要有3种结构模式。

一是以学科为中心的教材，即按照学科体系进行内容编排，主要用于学科教育，教学目标是掌握学科结构。以建筑专业为例，基础课教材《土木工程力学基础》《土木工程识图》就是按照学科内容体系展开的，具体形式上灵活多变，整体便于学员理解与学习。

二是以技术为中心的教材,即按照技术体系进行内容编排,主要用于技术教育或培训,帮助学员形成某种技术体系。以《建筑施工测量》为例,教材先根据建筑专业中级测量放线工岗位群的工作内容划分为 8 个工作项目,然后依据技术要求,将每个项目划分为若干个工作任务,按"工作任务—职业能力—学习任务"的逻辑关系,通过职业能力分析,把岗位群工作任务教学化处理后转化为学习任务,从而完成整个教材的编排。

三是以职业为中心的教材,即按照某种职业化的逻辑(包括职业功能、项目、主题、任务、活动、产品、案例等)组织教学内容,主要用于培养学员的职业能力和职业素质。以公共营养师、养老护理员等职业教材为例,依托职业化要求,有针对性地对职业活动过程中涉及的主体、技能、岗位规范进行系统化阐述,旨在让学员能够迅速理解职业角色,对职业要求有清晰的认识,通过教材指导,明确学习重点。

3. 职业培训教材的开发指导

职业培训教材开发应以岗位技能为主线,以岗位能力要求为标准,基于岗位核心能力和工作任务开发教材。教材应在需求调查分析的基础上确定不同的培训目标,根据培训内容和目标,进行教材大纲编制、架构和内容设计,并基于培训目标确定培训内容、培训方法、所需案例及考核方式。在教材开发过程中,应兼顾通用知识与专项技能、专业知识与技能的衔接,体现科学性、系统性、针对性、实用性、规范化原则。教材编写要贯彻以职业活动为导向、以职业技能为核心的思想,即教材的内容是以职业技能为主线展开的,强调知识内容为职业技能内容服务。

(1)职业培训教材开发应注重选题调研。在教材开发前,确定开发人员、建立和确认开发目标后,应进行深入的市场调研工作。选题调研工作主要是通过网络、新闻以及各种相关领域会议搜集与选题相关的信息。

(2)职业培训教材编写要体现职业特点。职业培训教材要吸收国内外同类教材优点,对工作岗位技能进行分析。在编写思路上遵循"教学理论由外到内,专业知识先会后懂,工艺操作强调习得,技能训练低起点运行、高标准落实"的思路;在教学内容上强调通俗易懂,重视实际操作,使学习者学得进、用得上;在编写体例上采用模块结构,体现选择性和针对性。

(3)在职业培训教材编写过程中应配套对应的数字化课程资源。建设融 AR[①]/

---

① AR,augmented reality,增强现实。

VR^① 技术、数字化课程资源、微课、专业学习工具等于一体的立体化教材。

（4）职业培训教材的编写形式要灵活多样，能够体现互动性，让学员在阅读过程中有思考、有拓展。教材设置包括形式多样的交互式练习、问题与讨论，拓展学员学习内容和思维广度。教材还要设置学习引导、相关链接、知识拓展、调查访问等模块，以便于学员对主题的理解，加快其职业能力的形成。

三、示范性职业培训教材的特点与开发方法

1. 示范性培训教材的含义及其特点

（1）示范性培训教材的含义。示范性培训教材通常是根据示范性培训课程的需要组织开发的教材。示范性课程是为适应新职业、新技术的应用而开发的新课程。

（2）示范性培训教材的特点。相比一般培训教材，示范性培训教材有以下显著特点。

1）体现时代性。职业培训要及时引进新知识、新技术、新工艺，只有这样，才能跟上经济和社会发展的时代步伐，才能让学员尽快适应行业的进步、社会的发展。

2）体现发展性。示范性培训教材是针对新职业、新培训课程而产生的，因此，在内容形式的安排上，不能只立足于眼前的基本情况，还要考虑这一职业的不断发展对于职业内涵和培训工作提出的新要求。

3）体现创新性。示范性培训教材的创新性是全方位的，既包括教材的开发理念和技术方法创新，也包括教材内容和表现形式的创新。创新是示范性培训教材的主题。

2. 示范性培训教材开发的原则

（1）以企业新技术、新技能发展需求为导向，以突出职业能力培养为核心。

（2）要充分利用新技术、新方法开发示范性培训教材。

（3）内容精选的个性化。示范性培训教材的内容针对性要强，要体现个性化培训的发展趋势。个性化越强，越能更好满足员工需求，同企业实际相符合，培训效果也越好。

（4）表现形式要更加灵活。示范性培训教材不采用统一的格式和模板，而是充分与培训活动的实际特点相结合。

---

① VR，virtual reality，虚拟现实。

3. 示范性培训教材开发的基本步骤

示范性培训教材与一般培训教材的不同之处在于其基本目标和内容两大方面，可采取以下开发步骤进行开发。

（1）了解相关新技术、新职业的职业活动特点和新能力（技能）要求。

（2）分析针对新职业培训的课程目标。

（3）设计、策划包括培训课程内容、培训课程教学安排等方面的工作。

（4）按照一般教材开发的步骤，进行教材开发的总体设计、组织工作。

4. 示范性培训教材的开发注意事项

（1）在确定示范性培训教材开发的基本思路时，要考虑以下因素的影响。

1）要考虑示范性培训项目目标的总体要求对于教材开发指导思想和基本原则的影响。

2）要考虑根据示范性培训目标所确定的培训课程体系的内容对于教材基本内容编排的影响。

3）要考虑示范性培训课程所确定的培训模式对于教材开发在手段、形式等方面的影响。

根据以上因素，确定教材开发的指导思想、内容、呈现形式及手段，这样则可以形成针对示范性培训课程教材开发的基本思路。

（2）要根据示范性培训课程的试用和实施的评估反馈意见，及时修改、完善教材内容。

（3）示范性培训教材开发应聘请相关企业的新技术领域专家参与具体开发和审核工作。

培训单元 2　审定职业培训教材

1. 审定职业培训教材的重要意义。
2. 审定职业培训教材的基本原则。
3. 职业培训教材审定的流程与方法。

一、审定职业培训教材的重要意义

职业培训教材作为培训教学的基本工具和重要依据,是体现培训教学内容和教学方法的知识载体,因此,组织好职业培训教材的审定是教材管理的重要任务之一。

培训师、教材和学员是教学的三大要素。作为三大要素之一的教材,起着联结培训师与学员的桥梁纽带作用。因此,只有高度重视教材的审定工作,并建立完善的教材审定制度,才能确保教学质量。

二、审定职业培训教材的基本原则

职业培训教材的审定从本质上说是"知识准入"的具体演绎,在审定过程中要注意以下4项基本原则。

1. 坚持正确的政治方向和价值导向

坚持马克思主义指导地位,将马克思主义立场、观点、方法贯穿教材始终,体现党的理论创新最新成果,特别是习近平新时代中国特色社会主义思想,体现中华民族传统文化,弘扬劳动光荣、技能宝贵、创造伟大的时代风尚。观点正确,符合党和国家的各项政策、法律、法规,体现辩证唯物主义和历史唯物主义,有利于学员树立正确的人生观、价值观、世界观,弘扬爱国主义和社会主义核心价值观。

2. 突出职业培训特色

职业培训教材要遵循培训教学规律和技能人才培养规律,符合学员认知特点,对接先进教学理念,注重职业素养、专业技能和正确价值观培养的有机结合,满足项目学习、案例学习、模块化学习等不同教学方式要求,注重以真实生产项目、典型工作任务、案例等为载体组织教学,有效激发学员学习兴趣。

3. 教材内容科学先进、针对性强

教学内容符合专业培养目标和课程教学基本要求,取材合理,难易适度,符合学员的实际水平。强化行业指导、企业参与,适应技能人才培养要求,对接生产实践,满足企业岗位工作需要,突出理论教学与操作技能融会贯通,充分反映产业发展最新进展和成果,及时将产业发展的新技术、新工艺、新规范纳入教材内容,反映主要岗位群及典型工作任务的职业能力要求。

4. 内容编排设计科学、合理

基本概念表述、原理阐述、数字运算正确,科学事实和社会现象描述清楚、

准确，引用数据、图表、资料可靠。教材的体系设计合理，循序渐进，结构清晰，案例新颖，体现学员的主体性，适应先进教学手段和方法的应用。

三、职业培训教材审定的流程与方法

1. 审定流程

职业培训教材审定人员应由相关专业领域专家、教科研专家、一线职业培训师、行业企业专家等组成。教材审定人员应具有较高的政策理论水平，客观公正，作风严谨。遵循编审分离原则。

职业培训教材审定的流程主要包括：教材编写人员提供完整的审定内容，按照编写分工提交至审定委员会；按照已确认的审定标准，审定委员会负责审定教材全部内容，并出具审核意见；通过即确认，不通过则驳回修改、调整、重新提交。

2. 审定方法

（1）反复阅读法。通过对送审教材进行粗读、精读，全面了解和把握教材的内容、观点、逻辑结构、表现形式、语言运用等，是评审教材的基本条件。通过粗读各章节标题，了解教材各章、各节的框架设计，评估结构设计是否科学、合理。

（2）目标提挈法。对经过精读的教材内容，要根据教材开发设计前设定的目标，从宏观层面深入把握教材目标与立意、重点内容的一致性。这种提纲挈领审核法能够把握重点，深度考虑职业标准、课程标准与写作内容的一致性，促进教材目标的实现。

（3）对比借鉴法。这种方式适合初次接触教材审定的人员，寻找一个与要审核的教材比较接近的标准化程度很高的培训教材作为参考样本，将要审核的教材与样本教材进行对比，从章节的框架结构设计到局部的细节内容，逐一进行对比。

（4）论证评审法。论证评审法要求评审专家对审核通过的教材进行二次把关，集中讨论，从不同角度提出意见，并广泛搜集大家的意见，对不同的意见进行归纳确认，特别是要对教材的可行性、科学性、实用性方面进行再次科学论证，强化评审的标准性、可靠性和权威性，确保教材质量。

（5）头脑风暴法。采用头脑风暴法对教材进行论证、评审是一种新兴的方法。采用这种方法审核教材，就是要在论证的基础上再将几位经验丰富的专家聚到一起，充分发挥专家各自的专长，对教材进行阅读、甄别、分析、讨论、品评、判断，大家从不同视角解读、品评教材。

操作技能

审定职业培训教材

一、操作准备
1. 了解职业培训教材的重要意义。
2. 熟悉职业培训教材审定的方法。

二、操作步骤
步骤1 组建团队

在职业教材所属领域，甄选政策理论水平高，公正严谨的专家组成职业培训教材审定委员会。

步骤2 审核教材

通过多种方法结合的方式，以职业培训教材审定的基本原则为基础，对编写完成的职业培训教材进行审核，并提出审核意见。

步骤3 修改教材

职业培训教材编写人员根据审定委员会的审核意见进行逐一修改、调整，并重新提交审核。

步骤4 主编终审

待职业培训教材审定委员会对教材进行反复审核后，提交主编进行终审，如无须再次修改、调整，出具审核通过建议。

三、注意事项
1. 审定专家的选择要注意多元化，以便实现针对职业培训教材的全视角审定。

2. 审定过程注意合理设计盲审制度，以确保职业培训教材审定过程的客观性和公正性。

3. 要给编写者设计合理的申诉机制，以避免编写者对审定意见的理解失误降低审定意见的公信力。

4. 注意完善问责制度，以便维护职业培训教材审定过程的公正性。

培训单元 3　指导开展培训教材开发人员培训

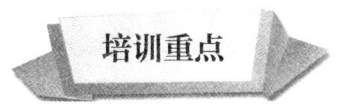

1. 指导开展培训教材开发人员培训的意义。
2. 职业培训教材开发人员培训的主要内容。
3. 职业培训教材开发人员培训的注意事项。

一、指导开展培训教材开发人员培训的意义

1. 明确培训教材编写原则和规范

组织开展培训教材编写人员培训，要指导编写人员学习有关教材编写技术规程等技术材料，明确教材编写的指导思想、原则和规范，提高编写人员的编写水平。

2. 激发教材编写热情

激发教材开发人员编写教材的热情就是要让教材开发人员感觉到开发培训教材对学员的工作有用。通过学习培训教材，能够解答学员们工作中的疑惑，解决工作中遇到的问题，而且要让他们看到很多培训学员通过培训和学习培训教材实实在在得到了个人成长。

3. 解决编写实际问题

解决编写实际问题是对开展培训教材开发人员培训的基本要求。通过系统培训，明确教材开发要求，确定分工，形成开发和审定团体，通过培训切实解决教材开发前和开发中可能遇到的问题。

二、职业培训教材开发人员培训的主要内容

1. 学习培训课程开发的基本理论

学习职业培训课程开发的基本理论、基本思路、原则与要求。深刻理解职业培训课程开发的内涵。校企职业培训教材开发核心成员共同参与基本理论的学习，提高他们对职业培训课程开发的基本理论及内涵的理解和认识，这是实现深度合

作开发的基础。校企双方共同学习、转变观念、提高认识非常有必要，这是实现开发预期目标的重要基础。

2. 学习培训教材开发的专业技能

培训教材的开发是一项技术要求很高的专业工作。参与教材开发的人员要全面、深入学习教材开发的各项知识和技能，掌握相关的方法、工具、模型，成为真正的专业人才。

3. 学习相关政策文件

国家相关政策文件为职业培训提出了明确、具体的要求，必须深入理解相关文件精神，提高团队整体的思想认识，了解人才培养目标和课程定位的总体要求与基本原则。此外，还应关注与所承担开发任务相关的培训需求分析、培训课程标准等基础性文件，以及培训方法、学习策略和教材体例等。

三、职业培训教材开发人员培训的注意事项

1. 着眼于教材开发人员的专业发展

教材开发人员培训应着眼于教材开发人员专业的可持续发展，突破以往只注重局部的培训。教材开发人员现有的知识经验和未来的发展是教材开发人员培训规划的基础。

2. 积极发挥教材开发人员的主动性

教材开发人员的专业化程度取决于其对专业领域知识和技能的掌握程度，而这些知识和技术往往是被动获得的。在培训过程中，教材开发人员应能主动地调整自己的思想观念、价值取向，丰富专业知识和技能，以满足教材开发整体目标的需要，教材开发人员培训应遵循这一特点并采取相应的对策。

3. 教材开发人员培训要面向实践

教材开发人员的培训要注意遵循与实践情境相结合的要求。教材开发具有开放性和复杂性，因为培训的目的是解决实际问题，那么培训的过程从内容到形式一定要面向实践，只有这样才能达到预期目标。

培训模块 2
培训教学组织

培训项目 1 培训教学规划

培训单元 1　指导制定培训教学规划

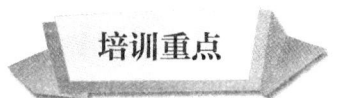

1. 培训教学规划的含义和分类。
2. 制定培训教学规划的基本原则。
3. 制定培训教学规划的步骤及要求。
4. 指导制定培训教学规划的工作内容及注意事项。

一、培训教学规划的含义和分类

1. 培训教学规划的含义

培训教学规划是根据培训项目及培训机构的目标，对培训项目的教学过程及其培训教学活动进行的总体规划，其内涵包括以下 3 个方面。

（1）培训规划使用对象具有明确的个性化特点。每一份培训规划都应该是定制化的，要根据培训对象实际需求制定，量身定做。

（2）培训规划适用范围具有清晰的边界。培训规划会因为培训的内容和培训对象而规定清晰的培训适用对象，不能"移花接木"。

（3）培训规划应包含培训的目标、课程内容、实施步骤、时间安排和保障措施等内容，作为开展培训的重要依据。

2. 培训教学规划的分类

培训教学规划根据对象不同，可以分为以下 3 类。

（1）用人单位的培训教学规划。该类规划主要是指用人单位在一定时期内基于特定的目标有计划地对本企业的相关工作人员分门别类地开展培训的规划。该类规划通常周期为1~3年，培训的内容往往针对不同的群体设置不同的培训专题，该类规划通常由用人单位人力资源管理部门负责编制，也可以由有关职能部门负责编制。

（2）培训单位或机构的培训教学规划。该类规划主要是指专门从事职业培训的单位或机构，根据本单位或机构的内外部环境对本单位或机构1~3年内的职业培训教学进行整体设计的规划。

（3）培训项目的培训教学规划。该类规划主要针对具体的培训项目而设计，其规划的目的是为培训项目的具体实施提供依据和指引，通常由培训项目负责人编制。

二、制定培训教学规划的基本原则和步骤

1. 制定培训教学规划的基本原则

（1）系统性。系统性就是要求培训规划从目标设立到实施的程序和步骤，从培训对象的确定到培训内容、培训方法的选择，培训团队的建设，以及培训标准的制定都应该保持统一性和一致性。

（2）标准化。标准化就是要求整个培训教学规划的制定过程确定并执行正式的培训规定和规范，这些规定和规范体现了职业培训教学活动过程的客观规律。

（3）可靠性。制定所有的职业培训规划所采用的数据及指标等资料，必须真实、可靠。

（4）针对性。培训教学规划的制定必须从职业培训对象应具备的知识、技能和心理素质出发，根据受训者的实际需求确定培训教学的范围和对象、培训内容和方式方法。

（5）相关性。职业培训教学规划的制定必须充分关注培训需求分析中存在的各类问题、信息间的相互联系，以及采取的相应的培训措施。

（6）前瞻性。职业培训教学规划是培训机构的核心竞争力，也是培训机构开展市场营销活动的重要依据，因此，培训教学规划一定要紧跟社会经济发展的需要，甚至要提前洞悉社会经济发展对职业培训的需求，从而提前开设相应的培训课程，并提前做好教学规划，以满足社会需求。

2. 制定培训教学规划的步骤及要求

（1）分析培训对象背景资料。通常，编制教学规划要尽量通过不同渠道搜集

培训对象足够全面的资料，以便更好地挖掘培训对象的实际需求。

（2）了解培训对象以往培训项目达成度。该步骤非常重要，培训对于培训对象来说短期是看不到效果的，因此，用一份完美的培训教学规划准确表达培训对象的培训期待（目标）非常重要。要通过设计一些问题，对培训对象进行调查，尽可能地了解培训对象以往开展过的类似培训的达成度。

（3）实施培训对象调查。在制定培训教学规划之前，开展培训对象调查必不可少，调查的方式可以多样化，如网络调查、电话沟通、直接面谈，其中面谈是获取信息最直接的方法。

（4）确定培训教学规划目标。通过上述3个步骤，总结归纳培训对象的培训目标和总体需求，确定培训教学规划目标。需要提醒的是，培训教学规划的目标可以分为总目标、子目标等，通过不同的培训课程规划分别满足相应的目标。

三、指导制定培训教学规划的工作内容及注意事项

1. 指导制定培训教学规划的工作内容

（1）确认培训需求。在指导前，要了解并确认培训相关需求，依据需求才能对培训教学规划的可实施性进行有针对性的指导。

（2）确定相关人员。在整个培训教学规划中，从开始到结束，有哪些相关人员的参与，以及人员分工是否明确，在指导制定教学规划的过程中要注意进行确认。

（3）明确工作目标。要向相关人员明确工作目标，不仅包括最终的目标，还应该包括各阶段的目标与成果，以及对时间节点的要求，要达成共识，这也便于对工作进行评估。

（4）明晰评估标准。在指导制定培训教学规划时，也要明晰各阶段及最后的教学评估标准，要让相关人员提前知道，以便于在接下来的教学工作中依照标准展开工作。

（5）过程反馈及指导。对于培训教学规划的指导，不仅仅止步于教学实施前，还应该在教学展开后进行关注并给予及时的指导，包括过程中对发现问题的反馈与处理，结束时对工作成果的反馈等。

2. 指导制定培训教学规划的注意事项

（1）指导制定培训教学规划前要深入了解培训对象和培训项目等的相关背景和培训目的。

（2）指导制定培训教学规划过程中要与组织方、培训对象等开展充分沟通。

培训教学规划访谈

一、操作准备

1. 设计访谈大纲。

2. 确定被访谈者。

3. 安排访谈。

二、操作步骤

步骤1　表明目的

在访谈开始阶段，无论是采取电话还是面对面的形式进行访谈，都要向被访谈者明确此次访谈的背景和目的，以及大概时长，如果担心有遗漏需要录音，也需要提前告知被访谈者，征得同意后方可进行。

步骤2　实施访谈

访谈者以既定的访谈大纲为主线实施访谈，需要客观、全面记录被访谈者的谈话，避免加入个人的主观判断。

步骤3　把控节奏

在访谈中，有些被访谈者比较健谈，经常会出现"跑题"延展过多的情况，访谈者要明确目标，把握整体节奏，适时提醒，确保访谈的高效完成。

步骤4　信息确认

在访谈结束时，要与被访谈者就访谈的内容进行确认，同时对对方的大力支持再次表示感谢。

三、注意事项

有些进行了录音的访谈，在后期整理好记录后，也需要发给被访谈者进行信息的确认。同时在整理访谈资料的时候，要保持客观的态度，全面、完整反馈相关信息。

培训单元 2　指导制定培训教学规划实施方案

1. 培训教学规划实施方案的组成要素和主要内容。
2. 培训教学规划实施方案的审定原则。
3. 审定培训教学规划实施方案的注意事项。
4. 培训教学规划实施方案的指导督促。

一、指导培训教学规划实施方案的制定

培训教学规划实施方案是对培训教学规划中某个具体培训项目的细化，根据培训教学规划的分类，其对应的培训教学规划实施方案会有所不同。在培训教学组织工作中，培训教学规划实施方案具有课程教学指南的重要作用。

培训教学规划实施方案是在教学实施之前对教学目标、内容、方法、师资、学时进度的周密部署，是一个具有较强可操作性的计划。通过撰写培训教学规划实施方案，可以帮助培训师深入理解教学材料，准确把握教学内容和重点、难点，有针对性地选择教学技术方法，合理分配教学时间，更好地组织培训教学活动，确保教学质量与效果。

1. 培训教学规划实施方案的组成要素

（1）背景及其概要。该部分首先是结合培训项目情况和对学员的要求，阐述培训的意义和作用；其次简单概述本实施方案的主要内容。

（2）依据和指导思想。该部分主要阐述方案制定的依据和指导思想是什么，旨在证明方案的科学性。

（3）实施原则。实施原则通常从培训的目的和意义出发，用以指导具体培训教学工作的开展，成为后续开展相关工作的准则。

（4）实施目标。详细阐述开展培训教学活动的具体目标，通常会从提高企业员工素质、员工技能、企业文化营造等方面展开。

（5）实施步骤。编制培训教学规划实施方案必须涉及完整的业务实施步骤以

及相应的支撑要素，要充分考虑本单位其他部门的配合程度，尤其是要编制相关教学活动实施审核流程，以便后期推进实施。

（6）课程体系。依据单位培训的目的和培训对象，有针对性地设计相应的培训模块，模块设计要覆盖全体培训对象，不能有遗漏，同时培训课程要达到预期的培训目标，切不可偏离。

（7）监控管理体系。培训教学规划实施方案必须考虑培训教学的质量监控，通常本部分要列清楚整个培训教学规划实施推进过程中的监管措施和办法，以确保培训教学质量。

2. 培训教学规划实施方案的主要内容

（1）项目名称及概述。本部分主要阐述培训课程的名称、该课程的主要内容，以及参与该课程培训的意义，字数不可太多，300字左右即可。

（2）培训教学目标。可以从知识和技能目标、过程和方法目标及情感态度和价值观目标3个方面展开。

1）知识和技能目标是指通过培训学员能够达到的状态，例如实现学员自身知识体系的系统化，以及学员通过培训后专项业务技能能够得到提高。通常用"了解""掌握""运用"等关键词描述。

2）过程和方法目标是指在培训师的引导下，学员能够掌握获得相应知识和技能的具体方法，这是一个过程性目标，通常需要培训师在授课过程中对学员进行测试。一般采用"掌握""能够"等关键词描述。

3）情感态度和价值观目标是指通过培训，学员对培训过程或结果体验后的倾向和感受，该过程带有强烈的主观色彩，但是可以直接反映学员对课程的满意度。通常用"认同""深化"等关键词描述。

（3）培训教学参考书目。该部分主要是根据课程的教学目标合理地选择相应的参考书目。

（4）培训教学的对象。该部分主要针对学员展开学情分析，掌握清楚学员的基本情况，通常需要从学员的岗位、职位、工作经历、年龄、性别等方面展开分析。

（5）培训教学的模式与方法。针对不同的学员选择适合的培训模式和方法，以期达到培训教学的目标。

（6）培训教学的教学内容。该部分是编制教学规划的主体，事关教学目标是否能够实现。应该结合学员的基本情况和教学目标的要求合理设计相应的课程模块以及对应的教学内容。

（7）培训教学的进度安排。该部分主要是根据教学内容和学员的客观条件合理进行时间安排。安排过程中忌讳进行教学内容上的等额分配，应该注意根据教学内容的实际作用合理分配学时数量。

（8）培训教学的评价方式。培训教学具有强烈的目的性特征，因此，必须围绕教学目标设立相应的评价方式。在实际评价过程中，应该重过程轻考试、重实效轻形式。

（9）培训教学的师资要求。依据培训课程的内容合理挑选相应的培训师是确保培训达到效果的重要保障因素。本部分可以从培训师的学历、培训业绩、曾参与的培训项目等方面做出相应的要求。

（10）培训教学的环境要求。在培训教学实施过程中，环境也是一项重要因素，因此，需要在培训规划中明确培训教学实施的具体要求，可以从培训教室的桌椅摆放、培训教具准备等方面做出具体的要求，细化到数量和质量要求。

（11）培训教学的学员要求。培训教学是"教学相长"的过程，全程需要学员的配合，因此在培训规划中应对学员参加培训提出具体的要求，如着装、手机使用等。

（12）培训教学规划实施方案的审核机制。培训教学规划实施方案制定后，在正式实施前，一定要进行相关内容的审核，因此，在制定培训教学规划的过程中，必须明确该培训教学规划实施的审核机制，并确定相应的审核流程。

二、培训教学规划实施方案的审定原则

在培训教学规划实施方案的审定过程中，通常应遵循以下原则。

1. 可行性原则

培训教学规划实施方案是对培训教学规划的细化，是执行方案，因此，在审定过程中要注重方案执行的可行性。执行方案所涉及的"人、财、物"等要素要同步执行，尤其是要关注执行方案中师资以及课程体系的实现可能。

2. 完整性原则

培训教学规划实施方案应该全面反映培训教学规划的全部内容，不能出现遗漏，尤其是体现培训教学规划中核心部分的方案要完全对应上。在审定过程中，审定人员要认真对照培训教学规划的内容，逐条、逐项地对照，确保没有遗漏。

3. 创新性原则

培训教学规划实施方案是对培训教学规划的细化，由于培训工作具有创新性的属性特征，因此审定教学规划实施方案时应注意实施方案是否在培训教学规划的基础上有所创新，例如，课程体系、授课模式等方面要凸显职业培训的特色。

4. 一致性原则

审定培训教学规划实施方案的一致性原则主要体现在，审定方案能否达到培训教学规划的目标。如果达不到目标，则再好的方案也是徒劳无效。

三、审定培训教学规划实施方案的注意事项

审定培训教学规划实施方案，结论性意见非常关键。结论要明确，理由要充分，意见和建议要清楚，要具备较强可操作性。审定人员组成要注意专业权威性和广泛性的有效统一。审定工作要与教学现场督导工作相结合，在教学规划实施过程中，应对方案进行继续完善和改进。审定报告注意向所有相关人员反馈，形成闭环管理。

1. 关注各种技术突破

审定人员需要关注各种技术的突破，需要以更快的速度掌握最新的尖端技术资源，以便能够为学员的学习提供支持。审定人员需要始终走在技术发展潮流的尖端，例如，考虑引入增强现实、虚拟现实或混合现实的技术。

2. 改进建议应具体说明修改原因

改进建议应具体说明修改原因，通常包括时间安排、相关性、学习要求等方面。

（1）时间安排。应说明与培训时间安排相关的一些突发情况，例如，培训场地可用时间是否发生改变等。

（2）相关性。应说明是否需要为学员群体增加更多的学习内容，工作场所是否存在对学员群体产生影响的特别突发问题等。

（3）学习要求。应说明学员是否缺乏与培训内容相关的最低技能水平，学员是否需要更高阶的培训内容和实例，学员群体的技能和知识水平是否存在很大的差异，是否需要更多的操作技能环节等。

3. 应关注教学目标

应关注教学目标，应将学习策略、知识、技能或态度与目标相匹配。例如，如果学员需要获得某些知识，培训师可以创建简短的PPT图表，引用互联网信息

数据;如果学员需要掌握一项新技能,培训师可以创建一个案例分析、角色扮演及模拟练习环节,演示工作辅助工具;如果学员需要改变工作态度、价值观,培训师可以安排一场辩论、多个练习、自我评估或头脑风暴。

4. 关注学员参与设计的教学

在审定培训教学规划实施方案时应关注并允许学员协助设计学习材料。例如,学员在线研究一个主题,然后展示他们学到的知识。选择最有经验的学员演示所需的技能,学员创建自己的工作辅助工具,并与整个学员群体分享等。

四、培训教学规划实施方案的指导督促

指导督促实施培训教学规划实施方案,应注意确保训前教学准备工作质量,监督控制教学整体过程,以平等沟通的态度反馈关于改进培训教学规划实施方案、提高培训效益的建议。指导督促实施培训教学规划实施方案,应重点做好以下几个方面。

1. 搜集问题

根据培训教学规划实施方案,通过系统性现场观察进行记录、分析和评价,搜集问题信息,分门别类进行汇总。

2. 分析问题,定位不足

通过整理、分析问题信息,找出共性问题,定位培训教学规划实施方案的不足之处。

3. 指导解决实施中的问题

根据实施过程中发现的问题及方案中的不足之处,进行针对性指导,改进培训教学规划实施方案。

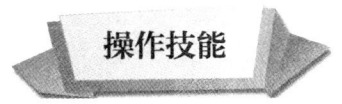

培训教学规划实施方案审定

一、操作准备

1. 搜集培训教学规划实施方案制定相关信息。
2. 索取培训教学规划实施方案文件。

3. 听取方案设计人员汇报。

二、操作步骤

步骤1　明确负责人和参与人员

审定负责人一般由培训部门负责人担任，邀请一级职业培训师、有关专业领域的专家和部分培训学员代表参加审定。

步骤2　确定审定标准

审定标准包括审定原则、内容、项目及权重、审定方法等要素。

步骤3　实施审定

先搜集教学规划实施方案，审定时首先听取对方案的总体介绍，然后依据标准逐条、逐项地审查，提出优、缺点并提出具体的改进建议。

步骤4　提出结论性意见

明确方案是否可行，并给予充分解释。撰写审定报告并向有关人员反馈。

三、注意事项

1. 参与审定人员应有代表性，教学双方应共同参与。审定标准应体现科学性、可行性、针对性原则。严格依据标准实施审定，明确提出结论意见。

2. 培训教学规划实施方案要符合教学规律，要素齐全，程序规范，方案审定过程记录全面、客观、准确，审定意见可行性较强。

培训单元3　培养高层次职业培训师资队伍

1. 高层次职业培训师资队伍建设的规划目标、核心内容和实施保障。
2. 高层次职业培训师资队伍的培养要求。
3. 加强高层次职业培训师资队伍建设的主要措施。

一、高层次职业培训师资队伍的建设规划

职业培训师资队伍是职业培训行业的主体，是提高培训质量、办好人民满意

职业培训的关键。职业培训师资队伍是培训机构的第一生产力,他们既是培训项目的生产者,也是培训项目的执行者。因此,建立一支高层次职业培训师资队伍尤为重要。高层次职业培训师资队伍建设的主要内容包括以下方面。

1. 高层次职业培训师资队伍建设的规划目标

高层次职业培训师资队伍建设规划不同于普通培训师资队伍建设规划,普通培训师资建设规划是解决有和无的问题,但是高层次职业培训师资队伍建设规划是解决高质量发展的问题,旨在打造思想道德水平高、业务能力强的具有生产能力和规划设计能力的师资团队。

2. 高层次职业培训师资队伍建设的核心内容

高层次职业培训师资队伍建设的核心是要确保建设规划能够真正落实执行,要把建设目标分解成相对应的建设计划,包括高层次培训师引进途径、高层次培训师能力提升、高层次培训师课程开发计划、高层次培训师培训计划等。

3. 高层次职业培训师资队伍建设的实施保障

高层次职业培训师资队伍建设的实施保障是要把高层次职业培训师资队伍建设的总体规划目标进行分解,并落实到具体的时间段,同时要做好各项保障,包括组织保障、经费保障、制度保障等。

二、高层次职业培训师资队伍的培养要求

1. 职业培训师资队伍的政治要求

政治要求是首要要求。作为高层次职业培训师应该深入学习领会习近平新时代中国特色社会主义思想,树立正确的历史观、国家观、文化观,坚定中国特色社会主义道路自信、理论自信、制度自信、文化自信,带头践行社会主义核心价值观。

2. 职业培训师资队伍的知识要求

作为职业培训师,应该掌握广博的知识,并且要不断优化自身知识结构。高层次的职业培训师必须不断汲取优秀理论及案例,确保培训内容的科学性,并且及时掌握理论和技术的新变化和新发展,保证培训课程与时俱进。

3. 职业培训师资队伍的能力要求

职业培训师除具备渊博的知识之外,还应具备高超的能力,具体有以下5点。

(1)持续学习能力。专业的培训师必须拥有深厚的理论功底和过人的知识储备,因此,要想在培训行业中打造自己的品牌就要持续不断地吸收更多方面的知识。

(2)语言表达能力。语言表达能力是职业培训师站稳讲台的首要能力,因此,

职业培训师要不断从语言表达的技巧、语言表达的艺术、语言表达的逻辑等方面提升自己。

（3）控场能力。培训过程最大的特点就是不确定性，尤其是针对成人的培训项目。成人培训最大的特点是成人拥有较为完善的认知体系，在参与培训的过程中，学员往往是带着批判性的态度在审视培训师所培训的内容。

（4）随机应变的能力。正因为培训过程中充满非常多的不确定性，因此，培训师要有随机应变的能力，这类能力可以通过不断的训练而获得。

（5）课程开发能力。课程开发能力是培训师必须具备的能力之一，也是培训师能够立足培训行业的核心竞争力。

4. 职业培训师资队伍的素质要求

（1）积极、乐观的心理素质。作为一名优秀的培训师，应该提高心智、形成良好心态，对于培训师而言，良好心态是优秀职业培训师必备的素质，也是发展事业的前提和保证。

（2）能够进行自我压力调节。作为职业培训师，首先，要能对社会、对人生、对世界上的事物持有正确的认识和客观的分析，做到能够冷静而稳妥地处理事情。同时也要心胸开阔、保持乐观主义精神，对冲突和挫折有一定的耐受能力。其次，要学会正确认识自己，正确认识他人。再次，要学会交往，良好的人际支持系统可以让烦恼消失，也可以让压力化为无形。最后，要积极参加体育锻炼。

（3）具有同理心及无私的利他精神。培训师在开展培训的过程中，要学会将自己与培训的情境、将自己与培训对象的感受等相互关联起来，从而能够感同身受地参与培训项目。

三、加强高层次职业培训师资队伍建设的主要措施

1. 申报建设技能大师工作室

技能大师是指在某一行业（领域）技能拔尖、技艺精湛、业绩突出、品行端正、富于创新、业内认可的高技能人才。符合条件的单位申报建设技能大师工作室是培养高技能人才和促进高层次职业培训师资队伍建设的最有效措施之一。

2. 注重职业培训师资专业化发展

督促从事培训师职业的相关人员，注重自身的专业化发展，不断深化职业培训师的专业培训，强化职业培训师的职业岗位要求，提升职业培训师个人品牌形象。

3. 注重职业培训师资持续学习力的提高

持续学习力是职业培训师站稳讲台的基础,应支持职业培训师时刻关注职业培训行业的动态情况,不断加强学习,提升学习力,积累培训素材,更好地做好培训工作。

4. 建立职业培训师学习训练营

当前,随着职业教育改革的深化,越来越多的职业学校教师将进入职业培训行业。但职业院校教师往往书本知识比较丰富,实际操作能力有待加强。要组织他们深入企业生产第一线或高技能人才实训基地,一边学习训练,一边讨论交流,提高实际操作技能。

5. 广泛开展职业培训师资技能竞赛

采用"以赛促训"的方式,是促进职业培训师技能提升的一种很好的方式。技能竞赛一方面是职业培训师展示和提升的重要平台,另一方面是构建高水平职业培训师队伍的载体。通过举办技能竞赛能够促使职业培训师自主加强自身知识更新和补充,提升职业培训授课能力。

典型案例

某公司内部培训师大赛

一、情景描述

某公司对内部培训师队伍的培养一直很困惑,因为工学矛盾等问题导致培训启动较难,各部室人员参与不积极,培养效果不理想。2021年该公司采用了"以赛促训"的方式,举办"师课同建 匠心传承"首届内部培训师大赛,从前期的启动仪式,到中间的培养环节以及最后的收尾阶段都用大赛贯穿,从整个公司层面进行宣传,充分营造出仪式感和荣誉感,而且用竞赛的方式,激励各部室积极参加。因此,报名阶段就超过了预期,接下来按照大赛的规划,进行层层竞赛筛选、培养,让参赛员工觉得赛事很严格,也很考验水平,更加珍惜。公司最终成功选出了一批优秀培训师,也评出不少优秀课程,整个项目成果颇丰,参赛员工收获也很大,达到了既定的目的,形成了良好的氛围。某公司内部培训师大赛流程如图2-1所示。

图 2-1　某公司内部培训师大赛流程

二、案例分析

该公司通过"以赛促训",让每名员工和各部门都积极参与内部培训师大赛,极大地促进了公司内部培训师队伍的建设和培养。

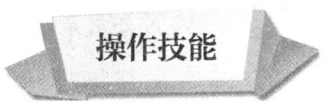

编制高层次职业培训师资队伍建设规划

一、操作准备

1. 研读本单位与师资队伍建设相关的规划和要求。
2. 了解清楚编制本次规划的目的和意义。

二、操作步骤

步骤1 组织团队

在规划编制过程中，组建规划团队为首要步骤，组建过程中尽可能将人员多元化，甚至可以邀请行业专家作为顾问，提供参考建议。

步骤2 搜集队伍建设规划相关资料

根据高层次职业培训师资队伍建设规划的内容，广泛搜集相关的材料，搜集中要学会"去粗取精""去伪存真"，切不可做材料堆砌。

步骤3 对比前期相关规划

与前期职业培训师资队伍建设规划进行对比，找出其存在的问题和不足，尤其是对原规划执行的情况进行总结和评价，充分吸收其合理和优秀的方式、方法。

步骤4 编制队伍建设规划初稿

这是规划工作的核心，初稿形成后，需要经过多轮修改，提交专家审核，单位部门负责人审定。

步骤5 多方征求意见

将方案在一定范围内进行专题讨论，根据各方意见对初稿进行必要的修改。

步骤6 队伍建设规划论证

在规划制定后，要聘请相应的专家对方案进行论证，选择论证专家要注意排除利益相关者，以免影响对规划客观性的判断。

三、注意事项

1. 编制培训师资队伍建设规划时要特别注意与前期相关规划和组织其他队伍建设规划之间的关联性，以防编制的规划与其他规划脱节。

2. 高层次职业培训师资队伍建设规划不要刻板地认为师资队伍一定要自有。要学会借助外部资源，将知名的且具有一定实力的培训师，通过引进、合作等多种方式纳入本单位师资队伍，但是需要注意的是，要选择好合作的模式。

培训项目 2　培训教学研究与创新

培训单元 1　培训教学模式研究与创新

1. 常规培训的教学模式及适用范围。
2. 培训教学模式的选择、运用。
3. 国内外培训教学模式的研究与创新方向。
4. 培训教学研究的意义和主要方法。

一、常规培训的教学模式及适用范围

培训教学模式是指在一定培训理念和培训理论逻辑的框架中，为完成相应的培训教学任务而采取的教学行为范式。教学模式是教学理论的具体化，同时又直接面向和指导教学实践，具有可操作性，它是教学理论与教学实践之间的桥梁。

常规培训的教学模式有很多，下面是目前应用较广泛的几种教学模式类型，其各自的特点及适用范围见表 2-1。

表 2-1　培训教学模式及适用范围

模式类型	特点	适用范围
示范—指导教学模式	是一种现代学徒制培训教学模式。要求师傅有高度的责任感和负责精神，通晓本行业的基本理论知识，并掌握教学和管理方面的知识和技巧	适用于学徒制培训（师带徒）

续表

模式类型	特点	适用范围
掌握学习教学模式	是一种基础性行为训练模式，按照认知心理规律进行教学，明确具体的教学目标，提供足够的学习时间，改进教学内容、结构和教学方法，加强教学过程中的反馈与矫正	适用于技能培训
直接指导教学模式	是一种以学习为中心的教学模式，即培训师向学员讲解概念或规则，通过在培训师指导下进行练习测试学员的理解程度，并鼓励学员继续在培训师指导下进行练习	适用于基本知识与基础技能教学
非指导性教学模式	是一种以学员为中心的教学模式，培训师通过情感领域鼓励学员探索问题，逐步培养学员的洞察力，辅导学员针对问题提出计划和决策，鼓励学员积极开展行动	适用于课外辅导，包括个人情感、社会关系、问题解决等
自主合作教学模式	是一种把"合作"作为教学的核心形式的社会类教学模式，学员与培训师共同探索和发现问题并解决问题，在师生之间建立相互信任、相互尊重的合作关系的模式	适用于探究式教学
基于工作过程导向的教学模式	在开展培训工作的过程中，依据培训项目的特征，按照工作实施过程，遴选出典型工作任务，并将典型工作任务提炼成相应的培训项目，从而使学员能够真正掌握实际工作岗位的技能和要求	适用于用人单位技术技能岗位培训、流程相对稳定的中大型公司管理岗位的培训
能力本位培养的教学模式	该教学模式强调职业的需求和学员在学习过程中的主体地位，使教学最大限度实现个性化，最大限度地调动学员的积极性。学员可以按照自己的情况选择学习方式，可以根据自己的水平选择学习进度。学员掌握了技能，就可以进行下一个项目的学习	适用于在岗、转岗培训，专业技能培训
就业技能模块培训的教学模式	该模式要求培训师为每一个具体职业或岗位建立岗位工作描述表，并确定该职业或岗位应该具备的全部职能，再把这些职能划分成各个不同的工作任务，以每项工作任务作为一个模块。该培训模式突破了传统的以学科为系统的培训模式，建立了以职业岗位需求为体系的培训新模式。这就使培训更加贴近生产、贴近实际	适用于技术性特别强的岗位技能培训
参观考察的教学模式	该教学模式一般不单独使用，通常嵌入其他教学模式中。在实施过程中，通过对行业标杆的考察，结合考察的过程展开分析，进而达到培训教学的目标	适用于高端培训项目
基于成果导向的教学模式	该模式改变了传统"以知识为主导"的教学理念，以学员预期能力获得为导向进行反向设计和正向实施教学，将教学的重点聚焦于"学生产出"，强调从需求开始，由需求决定课程的教学目标，实施"反向设计、正向实施"，需求既是起点又是终点，进而最大限度地保证了培训目标与结果的一致性	适用于各类培训项目

二、培训教学模式的选择、运用

1. 选择适合的培训教学模式的重要性

(1)适合的培训教学模式能够帮助培训师快速达成培训教学目标。在开展培训教学工作的过程中,不同的培训模式对于培训目标的达成度有一定的影响,培训师如果能够根据实际需要选择适合的培训教学模式,就能更好地达成教学目标。

(2)适合的培训教学模式能够指导培训师更好地组织课堂教学。培训教学模式是在一定培训理念和培训逻辑指导下而形成的相对稳定的培训范式。

2. 选择培训教学模式的主要原则

培训教学模式的选择、运用并不是一成不变的,在选择培训教学模式的过程中,要特别注意以下原则。

(1)培训教学模式的选用要考虑培训对象。在选择培训教学模式时,首先要对学员的基本情况进行分析,不同的培训教学模式对学员的配合度和参与度都有不同要求。

(2)培训教学模式的实施与教学环境要匹配。不同培训教学模式对教学实施环境有不同的要求,例如,"基于工作过程导向的教学模式"等模式多注重学员之间的讨论,对教学环境中的课桌摆放、教学用具等都有要求。

(3)培训教学模式必须服务于教学目标。不管选择何种培训教学模式,都必须服务于教学目标,都应该围绕教学目标而展开。

3. 信息化时代教学模式的类型

随着互联网的高速发展,线上培训教学模式解决了不少传统教学的问题,让学员能够轻松获取想要的知识,不再受到时间、空间以及地点的限制。线上培训教学模式的多样化,也让知识获取渠道变得多样化。

(1)线上培训教学的常规模式

1)录播课。由培训师事先将课程内容录制好,上传到平台,学员可以自由选择观看时间。在线培训所宣传的打破时间、空间的限制就是在录播课的基础上实现的。

2)直播课。直播是当下线上教学模式中最常用的培训教学模式,也是培训师的首选。培训师通过直播可以更好地与学员进行交流,有任何问题都能直接沟通解决,不让问题留到课后,让课程内容更加充实,通过互动也能提升学员学习兴趣，使被动学习变为主动学习。

3）语音课。在线上也有相应的语音课，并不是每个人都喜欢将自己暴露在画面当中，所以，语音的方式也是常见的线上教学模式。相较于视频课程，语音教学模式更加简单，而且也能进行线上互动。

4）图文课。对于很多培训师来说，对剪辑视频操作并没有那么熟练，所以PPT使用的频率就非常高，也是最容易、最简单的线上教学模式，培训师可以直接将提前制作好的PPT课件上传到平台上。

（2）线上线下结合的混合模式。这是互联网发展下的新生产物，将线下的培训教学与互联网结合，将传统培训教学的优势和在线培训教学的优势结合起来。线下通过培训师的正确引导、面授教学，主导学习全过程；线上通过互联网平台，发挥学员学习过程中的主动性、积极性以及创造性。目前比较有代表性的混合模式主要有以下5种形式。

1）在线学习+线下集训。为了能够提高线下教学的效率，让学员在线下有更多的实操练习，可以采用线上学习预热，一些理论类的知识可以通过线上直播或者录播的方式让学员提前学习，做知识的铺垫和扩充，在线下集训的时候直接进行实操练习。

2）在线学习+在岗实践。这类模式和第一类模式的目的是一样的，只是有些内容是必须在岗位上实践的，可以先通过线上学习理论知识，回到岗位上再进行知识的应用，让学习更有效，也更灵活。

3）在线学习+线下辅导。有些技能可以先通过在线学习，学员跟着培训师线上的课程做出一些成果，等到线下集训的时候，培训师直接根据学员的成果做深入的辅导。

4）在线学习+在线辅导。由于特殊条件的制约，不能组织线下教学，也可以通过完全线上的方式进行辅导，一边学习，一边在线辅导，而辅导可以是一对多，也可以是一对一的方式。

5）线下学习+在线辅导。这种方式比较常见，先通过线下学习，学员学习技能，回到工作岗位应用，在应用的过程中，培训师可以通过在线的方式持续进行深入的辅导。

三、国内外培训教学模式研究与创新方向

在技术进步的背景下，国内外培训理论由学习理论为主向系统科学理论转型，

新的培训教学模式层出不穷。国内外学者在培训教学模式重组、分类、融合新技术等方面开展了大量研究和创新。

1. 国外学者对于培训教学模式的研究和创新方向

（1）部分学者将技术进步背景下的培训教学模式分为4类，分别是信息加工类、社会类、个体类、行为类等教学模式。创新研究的主要方向包括如何适应学员不同学习风格，帮助学员认同和完善新的学习方式，推动他们整合信息以促进其成长；怎样建构知识指导开发高效课程，如何形成教学模式的最佳错位搭配，用于改变学员的学习不适感等。特别是研究建立专家型学习共同体——充分利用学员的能力促进学习。

（2）部分学者将教学模式分为直接教学模式、高级教学模式两类。直接教学模式整合了大量在课堂上被频繁使用、用于满足知识内容和技能的教学需要、为培训师提供基本教学方法的教学模式，如直接教学、概念获得等模式。而高级教学模式能为学员提供学习框架，帮助培训师达到复杂性知识内容和技能的教学目标，是模式化方法的拓展，如合作学习、探究教学等模式。

2. 国内学者对于培训教学模式的研究和创新方向

（1）部分国内学者在对教学模式的创新研究中分析了教学模式的发展趋势。首先，教学模式由单一性向多元化、多样化的教学模式发展。其次，教学模式由归纳型向演绎型教学模式发展。归纳型教学模式虽然实践性很强，但不免带有较浓厚的思辨色彩，而演绎型教学模式既有丰富的理论基础又有一套比较完备的实验作为手段，能较深刻地体现教学过程的规律性，较好地促进教学质量的提高。最后，由以"教"为主向以"学"为主的教学模式发展。传统以"教"为主的教学弊端主要是忽视了学员如何学，压抑了学员的主动性与创造性，而以"学"为主的教学模式使学员由"学会"达到"会学"，成为一个"终身的学习者"。

（2）部分学者认为，随着新技术在培训领域的广泛应用，基于IT技术的现代科技革命为培训工作拓宽了发展空间，特别是利用大数据、人工智能等新技术搭建的培训教学场景，将有效解决我国传统教学模式中资源短缺、时空受限等问题。

四、培训教学研究的意义和主要方法

1. 培训教学研究的重要意义

培训教学研究是一种有计划、有目的，主动探求教学实践过程中的规律、原则、方法的活动，包括培训教学模式、教学技术方法以及教学内容等方面的研究。加强培训教学研究具有十分重要的意义。加强培训教学研究能够促进培训师的职业能力发展，包括项目和课程开发能力、教学实施能力、教学评价能力、教学科研能力等；提高培训教学质量，促进职业培训改革和高质量发展；有利于发展和完善职业培训科学理论。

2. 培训教学研究的主要方法

（1）观察法。这是教学研究广泛使用的一种方法。研究者按照一定的目的和计划，在自然条件下，对研究对象进行系统的、连续的观察，并做出准确、具体和详尽的记录，以便全面而正确地掌握所要研究的情况。观察法不限于肉眼观察、耳听手记，还可以利用视听工具，如录音机、摄像机等进行记录。主要流程如下。

1）制订观察计划。先对观察的现象做一般的了解，然后根据研究任务和研究对象的特点，确定观察的目的、内容和重点。如果情况复杂或内容多，可以采取小组分工观察。最后制订整个观察计划，确定观察所需的次数、时间、记录用纸、表格，以及所使用的仪器等，并考虑如何保持被观察对象的常态等。

2）按计划进行实际观察。选择最适宜的观察位置，集中注意力，记下重点，不被无关现象扰乱。

3）及时整理材料，对大量的分散材料利用统计技术进行汇总加工，删去一切错误材料，然后对典型材料进行分析。

（2）文献法。研究者通过阅读有关图书、资料和文件，全面、正确地掌握所要研究的情况。主要流程如下。

1）搜集与研究问题有关的文献，如图书、资料、文件和原始记录等。

2）选择重要的和确实可用的材料分别按照适当顺序阅读。详细阅读有关文献，边读、边摘录、边立大纲。根据大纲，将所摘录材料分条整理进去。

3）分析研究材料，写成报告。

（3）调查法。研究者有计划地通过亲身接触和广泛了解（包括口头或书面的，直接或间接的），比较充分地掌握有关培训实践的历史、现状和发展趋势，并在大量掌握第一手材料的基础上，进行分析综合，得出科学的结论，以指导以后的培训实践活动。主要流程如下。

1）准备。选定调查对象，确定调查范围，了解调查对象的基本情况。研究有关理论和资料，拟订调查计划、表格、问卷、谈话提纲等，规划调查的程序和方法，以及各种必要的安排。

2）按计划进行调查活动，通过各种手段搜集材料。必要时可以根据实际情况的变化，对计划做相应的调整，以保证调查工作的正常开展。

3）整理材料。运用分类、统计、分析、综合等方法，写出调查研究报告。

（4）统计法。研究者通过观察、测验、调查、实验，将得到的大量数据材料进行统计分类，以求得对研究的培训现象做出数量分析结果。主要流程如下。

1）统计分类。整理数据，列成系统，分类统计，制成统计表或统计图。

2）数量分析。通过对数据进行计算，找出集中趋势、离散趋势或相关系数等，从而提出改进工作的措施。

（5）比较法。比较法是对某类培训现象在不同时期、不同社会制度、不同地点、不同情况下的不同表现进行比较研究，以揭示培训的普遍规律及其特殊表现。主要流程如下。

1）描述。将所要比较的培训现象的外部特征加以描述，为进一步分析、比较提供必要的资料。

2）整理。将搜集到的有关资料进行整理与统计，进行解释、分析和评价，设立比较的标准等。必要时须研究某些材料在历史发展中的变化，以便深刻地理解所分析的培训对象的现状。

3）比较。对资料进行比较和对照，找出异同和差距，提出合理运用的意见。

（6）实验法。在人工控制培训现象的情况下，有目的、有计划地观察培训现象的变化和结果。常见的实验法有单组法、等组法、循环法等。主要流程如下。

1）决定实验方法、组织形式，拟订实验计划。

2）创造实验条件，准备实验用具。实验进行前，根据实验目的，拟定测验题目，准备教具、仪器、记录表格、统一标准，确定记录方法、符号等，设法控制实验因素，使重要因素不变或少变。

3）进行实验。在实验过程中要进行精确而详尽的记录，在各阶段中要做准确的测验。为了排除偶然性，可以反复实验多次。

4）处理实验结果。对实验数据进行整理、计算、分析等，从中获得实验结果并寻找变化规律。

培训单元 2　培训教学技术方法研究与创新

1. 国内培训教学技术发展现状与趋势。
2. 国外培训教学技术发展现状与趋势。
3. 培训教学技术的创新方法。

一、国内外培训教学技术发展现状与趋势

当前，国内外培训教学技术发展总体上正由单一应用向多样化整合发展，未来将从网络化时代迈入智能化时代，虚拟现实、人工智能、人机交互、5G 通信、大数据等技术与培训场景深度融合，数字化教学技术的应用日益普及。

1. 国内培训教学技术发展现状及趋势

现阶段，国内培训行业正在加速数字化转型。在国家职业培训的相关政策支持下，国内培训教学技术将进一步应用云计算、高清视频、物联网等新技术。门户网站、移动 App 应用、即时通信平台等渠道将迅速成为线上培训教学技术应用的新热点，同时仿真模拟与线上演示视频课程及线下技能训练也将实现有机融合。

2. 国外培训教学技术发展现状及趋势

国外培训教学技术发展现状及趋势具体表现在以下 5 个方面。

第一，基于计算机互联网、5G 通信技术的数字化学习应用的教学技术将迎来高速发展期，线上线下结合的混合式教学策略、虚拟课堂教学模式等研究和实践将受到重点关注，在线直播教学技术将向专业化方向发展并产生广泛的社会影响。

第二，人工智能（artificial intelligence，AI）、增强现实（AR）、虚拟现实（VR）、混合现实（mixed reality，MR）开始进入实际应用阶段，将带给学员更加美妙的学习体验。

第三，把游戏和模拟原则用于培训教学技术的研究将成为快速增长点。

第四，基于形成性评价和学生学习与教学行为相关的学习分析大数据应用将更受培训师的青睐，尤其是能够便捷采集数据、实时分析数据、自适应性的应用系统。

第五，使学员个人与各种小组和共同体相关联的实践共同体理念，将成为教学技术发展新趋势。此外，针对软技能培训的教学技术将迅速发展，吸引学员注意力、引导学员自主学习的教学技术也会更受青睐。

二、培训教学技术方法的研究与创新

随着虚拟现实、人工智能、人机交互、5G通信、大数据等各种技术的不断发展进步，培训教学技术方法的研究和创新也越来越引起职业培训师的重视，具有代表性的创新方法主要有以下5种。

1. 直导教学法

直导教学法是培训师通过口头语言向学员描绘情境、叙述事实、解释概念、论证原理和阐明规律的教学方法。这种方式是培训师讲授，同时指导学员学习的一种教学方法，因此直导教学法有时也叫作指导教学法。直导教学法和传统教学法较为接近，最大的创新是由"培训师讲+学员听"变成"培训师讲+学员做"。

（1）具体流程

1）第一步是培训师呈现，即常说的培训师讲解，包括概念、理论、知识点、流程、规则、要求、标准、注意事项等。培训师讲解的部分是基础，也是培训中重要的一部分。

2）第二步是学员演练。学员根据培训师的要求，以学习小组的方式进行学习探讨、演练、练习和操作。同时，培训师要积极地引导、辅导学员参与，督促大家更好地练习。

3）第三步是点评评价。这一步是指培训师对于学员的学习状况进行反馈和评价，这个评价过程包括形成性评价和总结性评价。

4）第四步是调整反馈。该环节是培训师和学员的双向互动活动，而且贯穿整个学习过程，以上每个环节都需要培训师和学员之间互动、交流、调整、反馈、改进。培训师和学员始终交织在一起，形成真正的"学习共同体"，分工协作，共同完成整个学习过程，确保目标的实现。

（2）注意事项。直导教学法是一种最常见也最容易操作的方法，在这个过程中，培训师和学员既有分工，又有协作，以更好地完成学习目标。

2. 讨论教学法

讨论教学法也作研讨教学法，是指围绕某个具有挑战的主题，运用深入的讨论、交流、探究、辩驳、反思等，找到解决方案并最终达成共识的一种教学方法。在讨论教学法中，学员成为真正的学习中心和主体，通过自我学习和协作学习的方式，进行深入的建构，而培训师在这个过程中，更多的是运用引导、促动、催化等技术，协助学员完成建构。

（1）具体流程

1）第一步是学习规则的宣讲。可以采取两种方式：第一种方式采用先行组织者策略，是在正式培训之前，把与本主题相关的内容以及学习的规则、流程等内容先行发给学员学习，这样可以节省现场培训时间。第二种方式是采取培训师直接讲解的方式，在短时间内让学员接受学习规则。

2）第二步是呈现问题。在学习正式开始的时候，就要把讨论的问题呈现出来。要在短时间内，介绍问题背景、描述问题情景、回答学员疑问、引导学习方向等。

3）第三步是引导讨论。这一步是问题讨论模式非常重要的一个环节，学员需要深入地进行探讨，原则上是以小组为单位，激发每位学员思考并发表自己的观点，然后汇总大家的讨论答案，形成共识。

4）第四步是总结评价。让各学习小组把自己的共识答案呈现出来，培训师引导进行反馈评价，也可以由学员互评，培训师最后做提炼总结。

（2）注意事项

1）选取讨论的问题，应该是开放式的，例如，重视素质培训的意义有哪些，这个问题的答案就是不固定、不唯一的，可以有很多理解。要避免选择有标准答案或答案唯一的内容，例如，灭火器的使用流程，这个就是固定的内容，只要学员记住就可以，不需要过多的讨论。

2）让学员深入讨论，这个是培训师需要注意的，根据讨论的问题及学员人数设置合适的讨论时间，争取让每个小组的每位学员都有发言的机会。

3. 体验教学法

体验教学法有时也叫作体验式教学法、体验式培训法、体验式学习法。其主要特征是，学员在实际的体验中感悟、理解、运用和学习。体验教学法是一种体现"学员为中心"的学习方式。

（1）具体流程

1）第一步是内容呈现。培训师将即将学习的内容进行介绍，这次教学的内容是什么、包含了什么，有时还需要对整个背景做介绍，让学员在了解教学内容和背景的时候，有效地联系以前的工作、生活经验，从而更好地学习。

2）第二步是规则介绍和宣讲。体验式培训需要对规则有相应的介绍和学习。有两项要求：第一，流程本身是科学的、规范的、经得起检验的；第二，要让学员接受并且遵守这样的流程和规则，这是确保项目顺利进行的最重要因素。

3）第三步是学员的学习体验。这里涉及学员的内部协作学习、个人参与等。这个过程所花的时间是最长的。在这个过程中，培训师要做的工作非常多，如引导学员参与、回答对规则的疑问、协调竞争中的争议、促进项目推进、激励落后的学员等。

4）第四步是评估考核。在学习体验的项目中，培训师要通过考核和评估的方式推动项目的开展，这也是培训师主导培训的重要手段。通常，体验式培训法需要形成性评估和总结性评估同时进行。

5）第五步是引导反思。在完成某一个教学项目后，培训师要引导学员对这次教学进行总结、反思、提炼，做到举一反三。在体验学习中，要避免学员走偏，沉浸在体验的游戏中，喧宾夺主，忘记了学习的主要任务。

（2）注意事项。体验式教学，因为以学员体验为主，容易让学员沉浸在体验中，忽略学习主题，因此培训师要注意引导和提示，同时在评估环节，要有明确和清晰的标准。

4. 问题教学法

问题教学法是指在教学中围绕某个问题，引导学员一起参与讨论，共同找到解决方案的教学方式。问题教学法也称"基于问题的教学"。

（1）具体流程

1）第一步是设计问题。设计问题是问题教学法的第一步，找对了问题才能解决问题。这些问题如果与学员相关，是学员工作中遇到的问题，那么他们自然会参与其中。如果这些问题不是他们遇到的问题，就算他们想参与也无从入手。

2）第二步是呈现问题。培训师在这个环节主要是对问题的背景进行介绍，回答学员的提问。需要注意的是，培训师在"呈现问题"时，并不是把问题阐述得越清楚越好。培训师只需要描述大的方向，给学员留下思考、讨论、发挥的空间。

3）第三步是学习研讨。学习研讨是学员的自我学习和团队协商。问题教学法的学习研讨环节跟其他教学法类似,这是学员学习的一个重要环节,培训师在这个时候主要起到引导、监控、督促的作用。

4)第四步是反思辩论。反思辩论是指学员之间互相学习、交流、研讨、辩论,引起自我反思和团队反思,从而不断地调整、改良,直到最优的一个过程。该环节是问题教学法中非常重要的环节。

5)第五步是总结评价。总结评价是指在某个问题讨论结束后,培训师要对这个问题进行总结、评价、提炼。总结评价要做到"有散有聚":学员的发言是"散",学员发表自己的不同看法,培训师的发言是"聚",凝聚大家的发言精华,达成共识。

(2)注意事项。问题教学法是让学员来讨论,学员对培训师的观点提出质疑,如果培训师对于问题的解决方案阐述了某个倾向性的观点,可能持不同观点的学员就会对培训师提出质疑,甚至挑战。

5. 情境教学法

情境教学法是运用情境化的问题设计、系统化的内容开发、模拟化的课堂情境,让学员参与研讨的一种教学法。情境教学法是最近几年发展起来的教学法,是在直导教学法、讨论教学法、体验教学法、问题教学法的基础上的一种综合教学法。情境教学法是集合了其他几种教学法的优点而发展起来的一种高阶的教学法,也是教学法发展的方向之一。

(1)具体流程。情境教学法相对其他教学方式,主要是在内容的设置上更加复杂,整个流程类似,主要分为情境设置、先行组织者策略、情境呈现、学习研讨、反思优化、融会贯通等几个步骤。

其中,先行组织者策略就是将与当下所学内容相关的一些资料在正式培训前提前发放,以便于学员更好学习。采用这项策略,是因为情境教学法采用了情境设置,这个情境可能是某部电影、电视的某个情境片段剪辑成的一个视频,如果学员对于这个视频的背景等不清楚,那么在培训现场就无法理解这个情境。而如果现场要对这个视频做出太多的解释或者播放,就会花去大量的时间,所以,这个时候就可以运用先行组织者策略对情境做介绍。

(2)注意事项。由于情境教学法的模拟性,一方面吸引了学员积极参与和认真投入,很容易"入戏",另一方面有可能让某些学员"入戏太深",导致就事论事,无法走出具体的情境,从而在实际运用中生搬硬套。因此,培训师在这里需要引导学员走出情境,跳出培训"用"培训。

 **典型案例**

员工职业素养培训教学技术方法研究与创新

一、情景描述

为了提升教学效果,某培训机构的高级讲师老吴针对案例教学法进行了一段时间的深入研究。他通过互联网大量查找资料,系统搜集了案例教学法的历史背景、主要特征、理论基础和发展趋势等信息。经过分析、综合,他将案例教学法创新应用于员工职业素养公开课的教学中,事先编写一些员工不良行为案例,在课程结束前组织案例分析和小组讨论。培训效果评估数据显示,部分学员单位反映受训者返回工作岗位后仅能说出职业素养部分内容,认识仍然很模糊,行为改进不明显。老吴内心很困惑,为何训后效果与研究成果差距这么大。

二、案例分析

从案例中可以看出,老吴主动对培训教学技术方法进行研究和创新,采用文献法开展研究,运用案例法对员工素养课程开展创新,这些都是值得肯定的。但是教学研究和方法运用仍存在一些不足。例如,文献法需要通过阅读有关图书、资料和文件全面、正确地掌握所要研究的情况,而非仅仅源于互联网数据;员工职业素养涉及智力技能和态度类教学内容,尤其是态度类教学内容应通过正面案例传递;案例分析应穿插在不同层级的职业技能培训课程中,而非安排在整体课程结束之前。

 **操作技能**

讨论教学法操作流程

一、操作准备

1. 明确讨论目的。

2. 设计讨论问题。

二、操作步骤

步骤 1　学习规则宣讲

（1）说明讨论的目标与目的。

（2）公布讨论过程的各个环节。

（3）明确每个环节具体的要求：研讨的时间、发言的规则、研讨结论呈现的方式等。

步骤 2　呈现问题

（1）提出具有启发性的问题，阐释问题。

（2）说明在讨论中期待得出的结果。

（3）强调围绕问题主线展开讨论。

步骤 3　引导讨论

（1）主动观察各组研讨进程，倾听各组研讨内容。

（2）引导学员讨论，鼓励学员大胆地发表意见，把讨论引向深入。

（3）处理讨论中的意见冲突。对正确的意见要予以肯定，对错误的意见则要提出善意的纠正，并提出自己的见解。

（4）合理调控讨论的进程。如果讨论偏离了主题而面临失败，培训师应提供信息，扭转偏题倾向，并鼓励学员寻找信息。

步骤 4　总结评价

（1）简要地复述讨论过的知识点。

（2）鼓励、表扬积极的发言者。

（3）对讨论中的不同意见进行辩证分析。

（4）做出正确的结论，必要时还要根据讨论情况提出进一步探讨的问题。

三、注意事项

1. 要做好充分准备。讨论之前，培训师应向学员说明讨论的问题和目的，提出注意事项，布置应阅读的材料。

2. 要把每位学员组织到讨论中来，鼓励学员发言。引导其深入思考，不同观点交锋碰撞，围绕主题发表意见。

3. 要做好讨论总结。讨论结束，培训师总结要紧密联系学习内容，正确概括问题的答案，对疑难问题给出明确结论，并指出讨论中的优、缺点。

培训单元3　培训教学内容研究与创新

1. 技术进步对培训教学内容研究、创新的影响。
2. 职业发展对培训教学内容研究、创新的需求。
3. 培训教学内容研究的主要方法。

一、技术进步对培训教学内容研究、创新的影响

随着人类社会从信息化、网络化时代进入智能化时代，以信息技术为核心的科技革命为职业培训开辟了新天地。职业培训师应积极、主动适应信息化、人工智能等新技术变革，根据技术进步情况，及时对培训教学内容开展相应有效的研究与创新，确保培训教学内容与大数据、云计算、人工智能、AR/VR、高清视频、物联网等技术进步同步创新，体现信息技术场景，增强培训效果。以下以直播培训教学为例进行说明。

在线直播培训教学是培训师借助互联网技术，通过直播平台对学员进行线上授课的教学方式。相比于传统面授培训，在线直播课程具有灵活性更高、传播性更强、互动难度更大的特点，因此培训师在授课前需要对培训教学内容进行必要的研究和创新。

1. 灵活性更高

在线直播课程对培训师和学员的参与地域、参与时间、参与场所的规范性要求较低，因此，培训师和学员可以灵活地进行教学安排；此外，在线直播课程适合多种类型的主题培训，在教学内容上也具有相当大的灵活性。

2. 传播性更强

在线直播课程以互联网平台为载体，整个教学过程线上化、数字化，培训师的授课视频、音频、课件等能够及时传播给更多的学员；此外，有些直播平台设置了回放功能，授课过程经过同期录制后，可以在互联网上进行更广泛的传播。

3. 互动难度更大

培训师进行在线直播授课时，相比于传统面授培训，对学员的掌控程度更低，在进行互动教学时，更难以抓住学员的注意力、更难以提升学员的参与度。

二、职业发展对培训教学内容研究、创新的需求

职业发展趋势主要包括以下3种。职业的专业化，职业分工越来越细、越来越专，社会对职业的专业技术水平要求越来越高。职业的智能化，在职业劳动中，体力劳动的比重减少，脑力劳动的比重增加，体力劳动脑力化。职业的综合化，职业之间相互重叠、交叉，职业对从业人员的知识经验、技能、能力的要求越来越全面。

随着职业发展对从业人员在专业技术、职业智能、综合素质等方面的要求不断提高，对职业培训教学内容研究与创新也提出了相应需求，要求不断改进并优化培训教学内容。

三、培训教学内容研究的主要方法

1. 培训教学内容研究的主要对象

培训教学内容研究的对象不仅包括学员为达到培训教学目标要求而系统学习的知识、技能和行为规范等，还包括教学内容板块划分、呈现形式等。

（1）教学内容板块划分

1）采取程序教学模式，即将所有教学内容分解成细小单位，要求学员不断做出反应。

2）按照每个具体的教学目标逐次呈现教学内容，中间插入活动；也可以一次呈现面向几个具体目标的教学内容，再让学员开展某种活动。主要考虑学员年龄和能力水平、内容复杂性、学习类型、活动变化性、整体教学时间等要素。

（2）培训教学内容呈现形式

1）智力技能培训的教学内容呈现形式。先回顾目标能力的层级性质，一般从较低层级的下位技能开始，指出构成规则的概念与区分性特征，再顺应能力层级（上位技能）逐步向上推进，直至完成教学目标中所有技能的学习。

2）陈述性知识培训的教学内容呈现形式。先提取相似物，或让学员想象，或列举自身亲历事例，将记忆中的已有知识与新信息联系起来。然后提供一个总结整体信息的纲要或表格，呈现各子内容之间的知识关系，再由总到分、由浅入深

地编排教学内容。

3）动作技能培训的教学内容呈现形式。先将目标技能分解为子技能，逐一对子技能做出语言描述，再以某种直观形式（如录像或图解）呈现该技能，最后把各子技能整合成完整技能。

4）态度类培训的教学内容呈现形式。通过榜样人物讲授需要学员展示的某种行为，并指明为什么这一行为是重要的。

2. 培训教学内容研究的主要方法

目前，广泛应用的培训教学研究方法有很多种，包括观察法、调查法、比较法等，同样适合开展培训教学内容研究，本书前文已有详细介绍，在此不再赘述。

直播教学内容设计

一、操作准备

1. 培训师要结合直播课程的主题、时长、学员特征有针对性地确定教学内容。

2. 培训师要熟练掌握直播平台/软件的使用技巧，准备好直播设备，如直播架、麦克风、补光灯、背景幕布等，避免直播过程中出现技术故障。

3. 培训师要针对直播做好个人视觉、听觉呈现，包括结合镜头和灯光调整服饰、坐姿或站姿、语音语调、情绪状态等。

二、操作步骤

步骤1　教学内容整体设计

（1）提炼和切割授课内容。培训师要将课程知识点进行切分，在知识点之间切换时设置明确的节点和刺激点，吸引学员的注意力，一个独立知识点的演绎控制在3分钟左右为佳。在演绎知识点的时候，培训师要注意语言的简练性和教学活动的适当性，让学员能够在一个短周期的起承转合里理解知识点，并学会运用该知识点。

（2）阶段性总结、回顾要点。在直播过程中，学员主要依靠听觉建立自己与授课内容的连接，培训师在直播授课过程中进行总结、回顾的频次应该更高，以刺激学员的学习记忆，强化学员对知识点的理解和吸收。通常每演绎3~5个小知识点后,可以进行一次阶段性总结和回顾。

(3)有针对性地打磨教学方式。在直播课程中,培训师需要针对每个知识点打磨教学方式。根据知识点的特性,有针对性地进行互动游戏设计、提问设计、案例设计、讲解方式设计等。

步骤2　直播开场设计

在直播课程中,培训师要快速捕获学员的注意力,因此,在开场设计时,一定做到三个"快"。

(1)快速教会学员使用平台,活跃班级氛围。

(2)快速切中学员痛点,激发学员学习兴趣。

(3)快速调整培训师状态,顺应学员学习节奏。

步骤3　直播互动设计

在直播课程中,培训师需要设计互动活动以持续提升学员的参与度,抓住学员的注意力。

(1)设计辅助学习类互动活动。

(2)设计调节氛围类互动活动。

步骤4　直播能力提升

(1)培训师视觉呈现提升。

(2)培训师听觉呈现提升。

(3)培训师情感"嗅觉"提升。

三、注意事项

直播教学在内容设计、教学方式、师生互动方面,都与传统教学有很大不同,必须进行重新的设计。另外,在学员练习方面尤其不同,需要进行专门设计和规划。

培训项目 3 实操教学指导

培训单元 1 审定实操教学方案

1. 实操教学方案的主要环节。
2. 审定实操教学方案的基本原则和要求。
3. 指导布置实操教学场地的要求。
4. 指导布置相关设备、设施的要求。

一、实操教学方案的主要环节

实操教学与理论教学的区别主要表现在教学内容和教学目的等方面。在教学内容上，实操教学以技能内容为主；在教学目的上，实操教学以使学员掌握知识的实践运用技能为主。实操教学方案是指职业培训师根据技能要求和教学内容，确定教学过程的起点和终点，其结构应按照组织教学、精讲示范、学员操作、巡回指导、实操教学总结5个环节进行设置。

1. 组织教学

组织教学的目的在于使学员做好上课前物质和精神上的准备。从教学场景上使学员精神饱满，注意力集中，保证实操教学顺利进行，组织教学不仅在课的开始阶段进行，而且要贯穿全课始终，维持好实操教学的秩序，使学员处于实操的正常状态。

2. 精讲示范

（1）精讲实操技能有关的操作要领，做到精而不散。主要是讲清楚实操的步骤、要点和实操的各项准备及注意事项等内容。

（2）示范主要内容是，职业培训师给学员做示范，让学员仔细观察动作要领。示范过程中要控制示范分解动作的节奏、注意示范教具的准备。

3. 学员操作

本环节是实操教学方案的中心环节，是培养学员独立操作能力、掌握新操作技能、提高操作熟练程度的关键所在。在职业培训师的指导下，学员动手操作通常采取先合后分法和分步实操教学法两种形式。

4. 巡回指导

巡回指导是职业培训师对学员操作过程进行的全面检查和指导。目的是帮助学员排除操作中的种种障碍，保证学员掌握正确的操作方法。巡回指导的方法包括学员自评纠错法、集体指导法、个别指导法3种方法，巡回指导的主要内容如下。

安全指导——检查设备的使用情况，排除安全隐患。

操作指导——检查和指导学员的姿势、操作过程和操作方法。

质量指导——检查学员完成实操的质量。

应急指导——在实操教学过程中，职业培训师应随时检查，发现问题立即进行具体指导，确保实操教学的顺利进行，提高教学质量。职业培训师在巡回指导中必须做到"五到"，即口到、眼到、手到、腿到、心到。

5. 实操教学总结

（1）对学员实操情况做出评价，肯定成绩，指出不足。

（2）总结本节实操教学的要点和关键。职业培训师在"讲、演、做、导"的基础上进行归纳、总结，既要重视成功的经验，又要重视失败的教训，对出现的问题进行必要的分析，给予学员正确、完整的认识，对操作过程中碰到的一些重要环节、关键技能点进行重点强调，总结注意事项，同时要求学员做好实操报告。

二、审定实操教学方案的基本原则和要求

1. 审定实操教学方案的基本原则

（1）安全文明原则。安全文明是现代化生产建设的重要条件，直接影响人身

安全、产品质量和经济效益,因此,贯彻安全文明原则首先要求学员树立"安全第一"的思想。

(2)产学结合原则。产学结合是指实操教学中的内容要符合实际工作的需要,即进一步加强学员在真实环境中"做"的能力,使学员所学能够得到充分的运用,最终达到职业岗位的要求。

(3)操作性原则。操作性原则也叫作理论指导实践的原则,它包括科学性、直观示范性、循序渐进性和理论联系实际4个方面。

2. 审定实操教学方案的要求

(1)职业培训师应以一次课题任务为实操教学方案的基本设计单元。

(2)编写实操教学方案既要准备教材,又要了解学员;既要备理论,又要备实际;既要备内容,又要备方法。

(3)实操教学方案过程书写要详细。实操教学方案过程包括:怎样导入和组织学员进入实操内容;怎样突出重点,解决难点、疑点;怎样联系实际,进行演示示范;怎样设问和提问,出现问题如何处理;怎样板书,写什么内容及应写的顺序和位置等。

(4)要依纲扣本,有所创新。职业培训师编写实操教学方案是对教材再创作的过程,要在吃透教材、翻阅大量参考资料的基础上,充分利用教学资源,听取名家的指点,吸取同行经验,融入新的内容。

(5)要突出纲目,启智导学。职业培训师在写实操教学方案时,要考虑实操教学方案的可行性和可操作性,简繁得当。

(6)由于实操教学内容的差异,实操教学方案编写的具体格式不做统一的规定,但职业培训师上课必须有包含上述主要内容的完整的纸质实操教学方案,不能以讲稿(讲义)或课件幻灯片的打印稿代替实操教学方案。

三、指导布置实操教学场地和相关设备、设施

实操教学要求建立完善的、符合实操教学要求的实操教学场地,实操设备、设施与专业设置相配套,设备、设施数量能满足专业实操教学需要,并有一定的先进性。在实操基地的建设过程中,应该让实操教学场地良好运行,充分利用,发挥更大的作用和效益。

1. 指导布置实操教学场地

(1)实操教学场地空间。实操教学场地空间应根据不同培训项目需求进行设

置,尽可能增加实操面积,保证实操岗位的空间,防止误用等。

(2)实操教学场地布置。实操教学场地应整洁、明了,一目了然,尽可能减少不必要的物品存放,提高操作效率,保持实操教学场地井井有条。

(3)实操教学场地卫生。实操教学场地应保持卫生整洁,及时清除实操教学场地内的脏污、清除实操区域的物料垃圾。保持实操教学场地卫生不仅是一种惯例和制度,也是标准化的基础。

(4)实操教学场地安全。在实操教学场地内应保障学员的人身安全,应在场地张贴实操教学场地相关管理规章制度,保证实操教学的连续、安全、正常进行,同时减少因安全事故而带来的经济损失。

2. 指导布置相关设备、设施

(1)设备、设施数量。实操教学的目的是提升学员的操作技能,应尽可能满足学员实操需求。

(2)设备、设施摆放。设备、设施摆放间隔应尽可能大,防止学员实操时相互影响。

(3)设备、设施使用的安全性。某些实操教学使用的设备、设施是具有危险性的,应在设备、设施附近醒目的位置张贴相应的安全规范,并常备灭火器等安全设施。

(4)设备、设施定期维护。在实操教学过程中,学员会对设备、设施进行重复操作,必定会对设备、设施造成损耗,为了使其能在日后教学中继续发挥作用,必须对其定期进行维护与保养。

(5)精密仪器保持清洁、准确。在一些培训项目的实操教学过程中,还会使用到精密的工量具、仪器、仪表等精密仪器,应保持精密仪器的清洁和准确性,对精密仪器应进行定期维护和保养。

 典型案例

某培训机构理疗养生实操教学

一、情景描述

某培训机构为了让学员更好地掌握理疗养生的新知识、新技术,开设了

相关实操课程，为此特意新建了一个实操教学场所，并购置了一些教学专用设备。但是由于职业培训师对实操教学方案没有做好充分的准备，造成该实操课程的教学质量不佳，学员不能牢固掌握实操要点。而且实操教学场所的管理杂乱无章，没有相关规章制度，甚至存在安全隐患。设备也没有专人保管及维护，部分设备经过多次使用已经造成损坏。

二、案例分析

在上述案例中，为了让学员更好地掌握新知识、新技术，某培训机构开设了相应的实操教学课程，建设了实操教学场所并购置设备，这样能够提升学员的实际操作水平，帮助其掌握先进的技术。但是不好好制定实操教学方案，不完善实操场地与相关设备、设施的管理制度，反而会让教学质量下滑，达不到理想的教学效果，同时实操场地和设备、设施管理不善还会造成安全隐患。职业培训师应掌握实操教学方案的主要环节及审定方法，能够指导布置实操场地和相关设备、设施，只有这样，才能帮助学员提高实操技能水平，规范操作流程。

实操教学方案审定

一、操作准备

1. 整理搜集好实操教学方案。
2. 准备好投影设备。
3. 明确审定人员。
4. 明确审定时间和相应标准。

二、操作步骤

步骤1　教学设计审定

教学设计审定是最重要的环节之一，审核的要点和步骤如下。

（1）审定学情分析、教学目标、教学内容、教学方法与手段、教学环境和评价方式等教学要素的完整性，审定教与学的关系是否清晰。

（2）审定学习目标，学习目标应该能够反映学员综合职业能力与职业素养的培养情况并能结合学员实际，明确、具体、完整且可操作性强。

（3）审定学习内容，学习内容应该包括理论知识和实践知识及工作的各项要素，学习过程能体现较完整的工作过程。

（4）审定学习资源、环境设计，学习资源设计应该能体现学员在问题引导下的学习，学习环境设计能达到与工作环境尽可能相一致。

步骤2 审定教学实施过程

该步骤非常重要，通常从4个方面开展此项工作。

（1）审定学员学习活动。学习活动应重视学员的课堂参与，形式灵活多样，教学过程能够提供学员独立学习的时间和空间。

（2）审定教学流程安排。教学流程应思路清晰，衔接过渡自然，教学难度、教学容量、教学强度分布较为合理。

（3）审定教学方法。教学方法应能够体现以学员为中心、行动导向的教学理念，教学手段能够有效支持学习活动的开展。

（4）审定教学是否能够引导学员正确面对各类学习问题，及时为学员提供解决学习问题的指导，并有效组织教学的实施。

步骤3 审定教学评价方式

审定教学评价与学习目标是否相呼应，评价的方式、方法是否合理、易于操作，能有效检测学习目标的达成度，可以促进学员思维提升及素养与综合职业能力的提高。

步骤4 审定文本规范性

审定所提交的教学设计文本是否体例规范、内容全面、文字通顺、图表清晰。

三、注意事项

在审定教学方案时，首先要注意文本结构的完整性，其次是教学评价方式要符合实操教学的要求。

培训单元 2　指导选择实操教学模式

1. 实操教学的常见模式。
2. 实操教学模式的主要特点。
3. 指导选择实操教学模式的原则。
4. 实操教学常见突出问题的解决方法。

一、常见实操教学模式

实操教学模式必须与教学目标相契合，要考虑实际的实操教学条件，针对不同的教学内容选择实操教学模式。常见的实操教学模式主要有以下 10 种。

1. 四步教学模式

四步教学模式以对某项具体知识和技能的掌握作为主要的教学目的，它由讲解、示范、模仿、练习 4 个教学步骤组成。在四步教学模式的教学过程中，培训师主要采用提示式的教学方法讲授教学内容。

2. 模拟教学模式

模拟教学模式是学员在培训师的指导下，模拟某种环境，扮演某一角色，完成模拟活动，以训练并掌握某一技能的教学模式。

3. 演示教学模式

演示教学模式是指培训师向学员展示实物或直观教具，或做示范性的实验，使学员通过观察获得知识的一种模式。

4. 实验教学模式

实验教学模式是指学员在培训师的指导下，使用一定的仪器设备进行独立操作，通过观察事物的变化获得知识或验证知识、培养操作能力的模式。

5. 理实一体化教学模式

理实一体化教学模式是培训师和学员双方共同在实训中心（或实操教室）边教、边学、边做完成某一项教学任务。

6. 体验教学模式

体验教学模式创建的是一种互动的教学环境，重视培训师和学员的双边情感体验。教学过程既是培训师和学员信息的交流过程，同时也是培训师和学员情感的交流过程。

7. 任务驱动模式

任务驱动模式是将教学内容隐含在一个或几个有代表性的教学任务中，以完成任务作为教学活动的中心工作。在完成任务的目标驱动下，通过对任务进行分析、讨论，明确它大体涉及哪些知识，需要解决哪些问题，并找出哪些是旧知识，哪些是新知识，学员在培训师的指导帮助下，通过对学习资源的主动应用，在自主探索和互动协作的学习过程中，找出完成任务的方法，最后通过任务的完成，实现学习目标。

8. 角色扮演教学模式

角色扮演作为一种教学模式是学员在假设环境中按某一角色身份进行活动以达到学习目标的一种教学方法。

9. 项目教学模式

项目教学模式是培训师和学员通过共同实施一项完整的项目工作而进行教学活动。

10. "互联网+"模式

"互联网+"衍生出许许多多新的培训项目。"互联网+"模式是基于大数据的学习系统、在线平台交互、视频教学、App 应用等，将"互联网+"的技术成果运用到实操教学中的教学模式。

综上所述，不同的实操教学模式与教学目标、内容、学员、培训师、环境条件等都有着不可分割的联系。把握好这些联系，也就找到了实操教学模式选择和运用的依据。

二、实操教学模式的主要特点

1. 目标指向性

任何一种教学模式都是围绕着一定的教学目标设计并为完成一定的教学目标服务的。评价最好教学模式的标准是在一定的情况下其是达到特定目标的最有效的教学模式。在教学过程中选择教学模式，必须注意不同教学模式的特点和性能，注意教学模式的目标指向性。

2. 实战操作性

与其他层次、类型的教育相比，职业技能培训的实操教学模式更加强调实践性。其主要体现在：互动性强，在教学过程中更加重视学生的参与、动手与操作；以实践为本，根据专业实际，合理确定理论教学与实践教学的比例，加强学生专业技能的培养。

3. 综合完整性

在实操教学中，一方面，每堂课所传授的内容往往具有多种性质，因而需选用多种教学方法，或以一种方法为主，其他多种方法配合；另一方面，在教学中培训师应根据实际情况创造性地选用或者开发多种教学方法。各种教学方法有利有弊，只有合理、恰当地把相关的教学方法进行优化组合，融入教学模式中，才能取得最佳教学效果。

4. 职业稳定性

由于教学模式是依据一定的教学理论或教学思想提出来的，而一定的教学理论和教学思想又是一定社会的产物，因此，教学模式总是与一定历史时期社会政治、经济、科学、文化、教育的水平相联系，受到教育方针和教育目的的制约。实操的内容和形式之所以具有稳定性特质，主要是因为实操内容或形式是由行业工作职业群决定的，而职业群所需的知识和技能是相对稳定的。

5. 灵活多样性

由于职业技能实操教学的专业内容复杂，决定了在实操教学中运用的教学方法比较多样；职业技能培训的工种繁多，要求有多种多样的技能；在实操教学的不同阶段，因不同的教学目的、教学内容、教学对象、教学条件和培训师个性，选用的教学方法也必然有所不同。

三、指导选择实操教学模式的原则

任何一种实操教学模式都是为一定的教学目的服务的。指导选择适合的实操教学模式，应遵循以下原则。

1. 依据教学目标选择实操教学模式

教学目标是教学预期的结果，是培训教学必须达到的目的，实操教学模式是实现教学目标的方法、手段，选用什么模式，应由教学目标决定。教学目标不同，选用的模式也不同。

2. 依据教学内容特点选择实操教学模式

不同培训项目的知识内容与学习要求不同，不同阶段、不同单元、不同学时的内容与要求也不一致，实操教学模式的选择要适应教学内容特点。

3. 根据学员实际特点选择实操教学模式

学员的实际特点直接制约培训师对教学方法的选择，由于学员的年龄、背景与知识水平等各方面都会有所不同，培训师要能够科学而准确地研究、分析学员的上述特点，有针对性地选择和运用相应的实操教学模式。

4. 依据培训师的自身优势选择实操教学模式

任何一种实操教学模式，只有培训师能充分理解和把握，才有可能在实际教学活动中有效地发挥其功能和作用。

5. 依据教学环境、条件选择实操教学模式

实操教学模式不是孤立存在的，它与实操教学环境、教学设备及其他因素等构成了相辅相成的整体，相互制约，相互影响。

四、实操教学常见突出问题及其解决方法

1. 实操教学的常见突出问题

在职业培训实操教学过程中，常常因为课程设置与社会发展不相适应、实操教学体系中的各个教学环节间缺少衔接、实操教学模式仍沿用传统的大班模式等原因，使得以下问题尤为突出。

（1）实操技能水平不高。在职业培训实操教学中，技能人才实操技能水平不高，主要体现在培训师专业水平和实操教学能力偏低，导致学员无法得到高水平的实操培训，影响学员对实操技能的掌握。

（2）实操教学不规范。由于培训师在实操教学过程中难以有效管理每个学员，经常会出现实操教学不规范的问题，导致部分学员在实操过程中随心所欲，甚至会产生操作安全问题等。

（3）实操技能与实际工作岗位的技能需求不匹配。部分实操教材以理论知识系统性为编写依据，实操技能以教材要求为主，会导致学员的实操技能与实际工作岗位的技能需求存在不匹配等问题。

2. 实操教学突出问题的解决方法

针对在实操教学中存在的实操技能水平不高、教学不规范和技能不匹配等突出问题，培训师应该努力提升自身职业素养、专业水平以及实操教学能力，

将实操技能与实际工作岗位相结合,制定实操教学管理制度和操作安全管理规范,合理配置实操教学的设备设施,充分了解培训教学目标和实际工作需求,不断提高自己的职业能力,创新教学方法,以解决实操教学过程中可能出现的各种问题。

实操教学模式的选择

一、操作准备

1. 明确教学目标。
2. 了解不同教学模式的特点。

二、操作步骤

步骤1　现状分析

在选择教学模式前,要对现有的情况进行全面的分析,包括教学的要求、学员人数、学员基础、现有设备条件等。

步骤2　模式选择

根据现有的条件及目标,选择合适的实操教学模式,并规划具体实施的方案。

步骤3　预案准备

实操现场的教学都不可避免地会有意外情况的发生,所以,在选定了实操教学模式之后,要进行情景预设,做好预案,确保教学的顺利实施。

三、注意事项

在实操教学模式的选择上,不能忽略培训师的实操能力及对现场的掌控能力,要结合现实情况,匹配相应的师资力量,确保实操教学的实施达到教学目的。

培训单元 3　指导培养高技能人才

1. 高技能人才培训基地的建设条件。
2. 技能大师工作室的建设条件。
3. 指导制定高技能人才培养方案。
4. 高技能人才培养活动的总结和评估。

一、指导建设高技能人才培训基地

1. 高技能人才培训基地主要功能

高技能人才培训基地所指高技能人才是具有高超技艺和精湛技能，能够进行创造性劳动，并对社会作出贡献的技能劳动者，主要包括取得高级工、技师和高级技师职业资格（技能等级）的人员。培训基地的主要功能是面向社会各类在职职工、在校后备技能人才及其他有技能提升愿望的劳动者开展技能研修、技能提升培训活动，使之达到高级工、技师或高级技师水平。同时，培训基地还承担高技能人才考核与评价、职业技能竞赛、高技能培训或研修课程开发、高技能成果交流展示等任务。

2. 高技能人才培训基地的建设条件

《国家级高技能人才培训基地和技能大师工作室建设项目实施方案》（人社部发〔2022〕62号），关于国家级高技能人才培训基地建设应满足的基本条件，可以供职业培训师在规划和指导所在单位高技能人才培训基地建设时参考。

（1）具有较强的管理能力和高效的组织管理体系，建立规范的培训管理、财务管理等制度；遵守国家有关法律法规，近3年未受过刑事行政处罚和失信联合惩戒。

（2）培训场所和设施设备符合国家建设和安全标准，能满足年培训2 000人次以上的需要。

（3）具有5个以上职业工种与经济发展急需紧缺高技能人才培训特色专业相匹配的实习实训条件，建立信息化管理与服务平台。

（4）按照国家职业标准和职业培训包规范开展职业技能培训，积极开展中国特色企业新型学徒制培训。

（5）积极面向社会或本行业开展培训服务，承担政府补贴性职业技能培训任务，组织和承担职业培训师资研修培训、教材教法研发等工作。

二、指导建设技能大师工作室

1. 技能大师工作室主要功能

技能大师工作室所指技能大师是指某一行业（领域）技能拔尖、技艺精湛并具有较强创新创造能力和社会影响力的高技能人才。技能大师工作室主要依托中华技能大奖获得者，部分在技能含量较高的行业和大中型企业工作的高技能人才，以及部分掌握传统技能、民间绝技的技能大师建设。技能大师工作室的主要功能是发挥高技能领军人才在带徒传技、技能攻关、技艺传承、技能推广等方面的重要作用，面向企业、行业职工及相关人员开展培训、研修、攻关、交流等活动，将技术技能革新成果和绝技绝活加以推广。

2. 技能大师工作室的建设条件

《国家级高技能人才培训基地和技能大师工作室建设项目实施方案》（人社部发〔2022〕62号），关于国家级技能大师工作室建设应满足的基本条件，可以供职业培训师在规划和指导所在单位技能大师工作室建设时参考。

（1）项目应具备固定的场所和必要的工作条件，定期开展培训、研修、攻关、交流等活动；建立有完善的管理制度、办法并规范运作；积极开展技术革新、技能攻关和推广活动和企业新型学徒制任务。

（2）工作室带头人一般应具有高级技师职业技能水平，技能拔尖、技艺精湛并具有较强创新创造能力和社会影响力，或具有绝技绝活并在积极挖掘和传承传统工艺上作出较大贡献。

 **相关链接**

高技能人才培训基地和技能大师工作室建设方案

2022年9月，人力资源社会保障部、财政部联合印发《国家级高技能人才培训基地和技能大师工作室建设项目实施方案》(人社部发〔2022〕62号,以下简称《方案》)。

《方案》提出,2022年至2025年,继续实施国家级高技能人才培训基地和技能大师工作室建设项目。国家重点支持建设400个以上国家级高技能人才培训基地(含新建和已建)和500个以上国家级技能大师工作室。按照"工学一体、产训结合、引领示范、高质量发展"原则,打造集技能培训、技能评价、技能竞赛、技能交流、工匠精神传播等为一体的综合型高技能人才培养培训服务载体,基本形成覆盖重点产业行业和急需紧缺职业工种的高技能人才培养培训和技能推广网络。

《方案》提出,优先支持建设先进制造业、战略性新兴产业及托育、护理、康养、家政等民生重点领域国家级高技能人才培训基地,加强相关领域急需紧缺职业工种高技能人才培养力度。

三、指导制定高技能人才培养方案

当前,随着我国社会经济、社会的不断发展,工业化、信息化水平迅速提高,对人才的需求越来越多样化。在技能领域中应用型、复合型高技能人才的需求与日俱增。根据社会需求,高技能人才培养活动应将人才培养目标确定为培养高素质技能人才,全面提升技能人才的综合素质及在未来人才市场中的竞争力。

1. 建立高技能人才培养目标

随着产业结构优化升级和企业用工制度的市场化,高技能人才市场需求将更加旺盛。人才市场的需求来自用人单位对高技能人才的需要。

2. 高技能人才培养的内容和模式

要根据不同类型、不同职业高技能人才的培养需求,确定不同的培养内容和不同的培养模式。高技能人才培养可以开展订单式培养、套餐制培训,创新校企双制、校中厂、厂中校等方式;完善项目制培养模式,针对不同类别不同群体高技能人才实施差异化培养项目;通过名师带徒、技能研修、岗位练兵、技能竞赛、技术交流等形式,开放式培养高技能人才;组织开展研修交流活动,促进技能人才知识更新与技术创新、工艺改造、产业优化升级要求相适应。

3. 打造"双师型"师资队伍

高技能人才培养的基石在于技能培训教师和技师。"双师型"培训师是技师与教师的有机结合体，既具备理论教学的素质，也具备实践教学的素质。"双师型"职业培训师在完成理论性和基础性的教学课程的同时，兼职企业生产车间或者是人才实训基地的技师，能够将企业生产实际需求紧密联系教学内容与技能课程，强化知识理论与实践技能的结合。

4. 明确实施步骤和保障机制

要细化实施方案，明确培养实施步骤，保证实施落地。高技能人才培养需要建立一套较完备的职业技能培训体系作为支撑性保障。高技能人才培训体系可以从培训模式、课程设置、教材开发、师资建设、培训装备、与院校或企业合作等方面出发，细化保障措施，构建较完备的人才培训体系，保证培养方案的顺利实施。

四、高技能人才培养活动的总结和评估

高技能人才培养活动应以"职业质量"为核心，"工作质量"为保证，"内部质量"为推动力，从不同角度对人才培养活动进行有效评估和总结。

1. 培训机构评估

培训机构评估包括培训机构内学员、培训师、教学督导人员和培训组织者4个层面。

（1）学员评估。高技能人才培养活动的学员即高技能人才，学员评估通过建立学员信息反馈制度进行。

（2）培训师评估。培训师对教学质量的评估，最直接的方式就是对学员各个方面的成绩进行考核，除卷面成绩外，应更注重对学员解决问题能力及取得职业资格证书（技能等级证书）等各个方面进行综合考评。

（3）教学督导人员评估。教学督导人员由一批资深教学工作者组成，他们作为第三者身份进行评估，突出客观公正性、权威性。

（4）培训组织者评估。培训组织者对评估起到导航的作用，评估可以分为定期和不定期两种形式，前者为建立定期的培训工作评议会制度，参会者自由发表自己的意见，培训组织者在此基础上进行归纳，定期向培训机构发布；后者是在工作、生活中遇到与教学有关的情况时及时发表自己的意见，指导培训工作。

2. 企业评估

用人单位对高技能人才培养活动的评价具有"终极"性的评价意义，主要方式有以下两种。

（1）企业评价可以通过组织高技能人才培养评价会进行。定期邀请企业相关主管到培训机构，根据培训机构培养后的高技能人才能力提升情况，对培训机构教学设计及实施情况进行评价，并对高技能人才培养方案、培养内容进行分析，提供可行性建议。

（2）建立学员跟踪调查机制。建立学员档案，定期通过多种渠道了解高技能人才工作情况，评估其知识结构、掌握的技能是否符合企业的岗位要求，并采取相应措施填补差距。

3. 高技能人才培养活动总结

高技能人才培养活动总结应以质量为出发点，对高技能人才培养的数据、成果和经验进行总结，找出培养流程中的执行亮点、成功图像，做出经验小结，积累高技能人才培养过程中的技术经验、管理经验，吸取教训，将培养流程不断优化和创新，不断完善培训模式，最终形成优秀的高技能人才培养活动项目。

培训模块 ③
培训教学管理

培训项目 1 培训教学质量管理

培训单元1 培训教学质量管理方案审定和实施指导

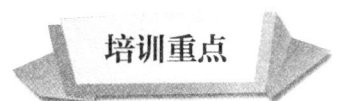

1. 培训教学质量管理方案的审定原则。
2. 培训教学质量管理方案的审定流程。
3. 培训教学质量管理方案的实施指导。

培训教学质量管理方案是开展培训教学质量管理工作的指导性、纲领性文件,是培训教学质量管理工作实现标准化、科学化和制度化的依据和保障。培训教学质量管理方案的好坏直接关系到培训教学的最终质量。由于培训教学质量管理贯穿整个教学过程,培训教学质量管理方案必须覆盖教学全过程,同时必须在方案中明确培训教学质量管理标准、管理范围、管理内容、管理流程、管理制度、管理工具、评估方法以及注意事项等,以保证各项培训教学质量管理工作真正落实到位,确保培训教学的整体质量。

一、培训教学质量管理方案的审定原则

职业培训不同于学历教育,必须根据实际培训需求确定培训内容,有针对性地制订培训计划,遴选合适的培训师,选编对应教材等,从而确保培训教学的实效性。此外,任何一个培训项目,参与主体都是多元的,包括负责培训需求分析、

课程设计、教材编写、培训师选聘、教学组织、后勤服务等培训教学相关工作的多个部门和人员，都会直接或间接地参与到培训教学全过程的各个环节中，其工作的质量和水平在一定程度上都会影响培训教学的质量。要确保培训教学的整体质量，必须在培训教学质量管理方案中明确所有参与人员的职责和整个培训教学过程中各环节的质量管理标准和要求，要做到全员参与、全方位控制。因此，审定培训教学质量管理方案必须遵循以下原则。

1. 整体性原则

培训教学质量管理方案的核心价值在于是否有效预见培训教学实施整体过程中可能出现的各种质量问题，并对全部问题进行了分类整理、价值评估、准确定义、清晰阐述，否则培训教学质量管理方案就会失去其使用价值以及前置性作用，也会影响培训教学质量管理工作的时间、经济等各项成本。

2. 科学性原则

培训教学质量管理方案是用于指导培训教学质量管理实践的，误差是肯定存在的，但是如何通过审定减少这种误差，是体现审定人员工作价值的关键。

首先，审定人员要结合培训教学等各项实际情况判定培训教学质量管理方案的合理性，包括是否基于事实、是否结合具体教学活动场景进行编制等。

其次，审定人员要运用归纳推理逻辑判定培训教学质量管理方案的科学性，包括是否逻辑清晰、能否准确预见一系列情况的发生并有效预防等。

3. 实效性原则

要结合实际培训需求和培训目标进行培训教学质量管理方案的审定，确保培训教学质量管理目标与培训课程目标一致，体现针对性和实效性。方案应强调培训过程中学员的主体作用，充分尊重学员的感受和意见，同时要强调对学员收获以及学以致用情况的调查和评估。

4. 可行性原则

可行性是指审定标准可以具体量化，审定标准和方法要科学，审定工具、方法易于操作，既要科学、全面，又要简便、易行，能准确、客观反映培训教学质量管理方案的实际水平。

5. 精简性原则

培训教学质量管理方案越复杂，其实用性往往也会越差，出现错误的概率也会增加。所以审定人员不能盲目遵循系统、完善的观点，而是要结合实际需求，对方案的精简程度进行审定。

二、培训教学质量管理方案的审定流程

"审定"是由"审"和"定"两部分组成的,即审核和评定。对培训教学质量管理方案的审定,包括审核方案本身和对方案做出评定两个方面。审定培训教学质量管理方案就是按照既定的标准和原则,对于培训教学质量管理方案的整体性、科学性、实效性和可行性等进行审核和评定。审定培训教学质量管理方案的一般流程如下。

1. 明确审定标准

作为审定人员,应当准确掌握审定标准。审定标准关系到审定导向、审定效率和最终的审定质量。在审定培训教学质量管理方案前,要先制定相应的审定标准。

2. 组织审定工作

由审定负责人组织各审定人员按照既定的审定标准对培训教学质量管理方案的内容逐条进行审定。要把握好方案审定的重点,包括培训教学质量管理方针、培训教学质量管理责任主体、培训教学质量管理规范和标准,以及随培训教学流程发生的质量管理输出文件等。对于培训对象分析、培训需求确认、培训计划安排、能力差距确认等文件,应根据实际培训目标的不同,作为重中之重进行审定,以提高培训教学质量管理的预见性、预防性和针对性,把好"入口"关,不让本身带有质量缺陷的项目再运行下去。而对于培训效果评估、培训项目总结等输出文件,可以将关注点放在质量问题对以后的借鉴意义和改进的方法措施上,使质量管理的过程成为纠偏改进和借鉴指导的过程。

3. 拟定审定结论

审定结论要明确培训教学质量管理方案是否可行,一般分为可行、基本可行、不可行 3 个档次,同时需要陈述主要理由。对于可行或基本可行的方案,还应提出需要改进、完善的地方。

4. 撰写审定报告

审定报告要求系统、全面反映审定意见,包括培训教学质量管理方案的整体性、科学性、实效性、可行性等,同时需要提出改进建议。

三、培训教学质量管理方案的实施指导

培训教学质量管理方案的实施与培训教学全过程是同步进行、相伴相随的,

只有做到培训教学全过程每个环节的质量管理工作到位,才能保证培训教学质量管理方案的有效实施,从而确保培训教学的整体质量。因此,对培训教学质量管理方案实施进行指导,不仅要重视方案实施的"结果",更要重视"全过程"的质量管控,应根据培训前、培训中、培训后3个时段的不同要求和注意事项,重点指导培训教学过程中各个关键环节的质量管理方案实施。

1. 培训前

培训前要准确把握并确定培训需求,明确与之相对应的培训目标、培训内容、方式方法以及培训师资、培训教材等,该时段是决定培训教学质量管理和控制的重要环节,也是培训教学质量管理的前提和保障。

(1)新项目的审定与指导。对于新开发培训项目要在规定时限内提交调研报告、需求分析、培训方案等,提供给有关部门和人员进行审定。

(2)新课程的审定与指导。对于首次讲授的课程要进行充分准备,需提交新课程大纲、授课计划书、授课幻灯片、培训教材等,并进行必要的说课或者试讲。

(3)开班立项指导。要根据培训教学质量管理方案,及时登记立项,并做好开班前各项准备工作的指导和落实。对于开班常见问题和注意事项,要提前做好解决预案。

(4)培训师遴选指导。培训师是培训教学活动的重要组织者和实施者,是影响培训教学质量的重要因素,要广泛搜集培训师的相关信息,并通过多种方式进行优选,建立相应的培训师资库。

2. 培训中

(1)学员测评指导。要注重学员培训前后的能力对比,进行相关数据采集和分析,及时对培训计划进行修正、完善。

(2)培训管理指导。要强化过程管理,注重对培训教学全过程进行质量管理和监控,实现事前预防,将质量隐患消除于萌芽状态,培训活动各个环节,都要纳入质量管理方案中,对每个环节都要进行有效的管理和监控,并做到全员参与。

(3)培训保障指导。要注意做好培训教学设备、设施以及教学环境的维护和管理工作,为培训实施提供良好的条件和环境。

3. 培训后

(1)学员管理指导。要注意做好学员信息登记,及时搜集和修正相关数据,为再次培训和跟踪评价打下基础。

（2）培训评估指导。要对学员和培训师进行调查，搜集整理对培训计划落实、课程设置和培训管理服务等的综合评价数据，评估培训项目的质量效果。

（3）项目总结指导。要在培训结束后尽快完成培训总结，对培训计划的实施情况、培训课程的设置和执行情况、培训费用的控制结果等做出评价，发现存在的缺点和不足，提出加强和改进的意见、建议和注意事项，以及常见问题的解决办法、措施和方案。

培训教学质量管理方案审定

一、操作准备

1. 成立审定工作小组。
2. 明确审定标准和要求。
3. 制订审定计划。
4. 明确人员分工。

二、操作步骤

步骤1　确认方案内容

确认培训教学质量管理方案中有无培训教学质量管理方针、培训教学质量管理责任主体、培训教学质量管理规范以及相应标准等。

步骤2　开展审定工作

开展审定组织工作，按照既定的审定标准对培训教学质量管理方案的内容进行逐条审定。

步骤3　形成审定结论

根据审定情况，形成审定结论，并撰写审定报告，提出改进建议。

三、注意事项

审定人员应熟练掌握培训教学质量管理方案的审定原则、审定流程、审定标准和审定方法等，并能针对培训教学质量管理方案中存在的问题进行科学、准确的分析，提出合理化建议。

培训单元2　指导撰写培训教学质量管理情况报告

1. 培训教学质量评估指导。
2. 培训教学质量管理主要问题分析指导。
3. 培训教学质量管理情况报告的主要内容。

一、培训教学质量评估

培训教学质量评估是根据培训教学质量标准，通过运用一定的方法，科学制定评估标准，搜集培训信息，对培训教学质量进行评估的活动。加强培训教学质量评估，有助于更好地改进培训方法、更新培训内容、提高培训实效。

通过培训教学质量评估，可以提高各方面对培训教学质量管理的认识和重视程度；可以让学员更好地了解自己与培训目标的差距，激发学员参与培训的主动性，提高培训效果；可以让培训机构或培训管理部门更好地掌握培训活动的组织实施和开展情况，加强对培训教学活动的质量管理和监督，了解培训方案和培训教学过程中存在的各种问题，及时调整培训方案，优化培训过程，提高培训针对性和有效性，从而确保培训教学质量。

1. 学员培训效果评估

学员培训后的能力提升情况是衡量培训教学质量的重要指标。培训教学活动的效果如何，要通过学员接受培训后的能力提升效果体现。

学员培训效果评估主要通过两种方式进行：一是将学员在培训后的行为与培训前的行为进行比较；二是将学员培训后的行为与培训目标进行比较。可以通过学员满意度反馈、知识和技能获得、行为改变等方面进行评估。

（1）满意度反馈。主要利用调研问卷进行评估，调研内容包括学员是否喜欢这次培训、对培训师的评价如何、是否认为这次培训对自己有帮助、哪些地方可以进一步改进、完善等。

（2）知识和技能获得。可以运用书面测试、实际操作、等级评定等方法，通过学员参加培训前后的对比，评估学员是否已获得并掌握相关知识和技能。

（3）行为改变。联系学员所在单位的上下级同事和客户等相关人员对学员培训后的工作表现和业绩情况进行调研，评估学员培训结束后能否灵活运用培训所获得的知识和技能、学员行为是否有所改变等。

2. 培训项目实施评估

培训项目实施评估是对培训项目本身进行价值判断的一种活动，它不仅指向静态的培训项目，而且指向培训活动的组织管理和实施过程，包括对培训目标与培训方案设计、培训组织管理以及培训项目收益等方面的评估。

完整的培训项目实施评估是对培训教学全过程的质量管理进行评估，包括培训前、培训中和培训后3个阶段。

（1）培训前。该阶段主要对培训项目的设计进行评估。其评估内容包括培训需求评估，培训对象的知识和技能、工作态度、行为、成效评估，以及培训计划评估等，重点评估培训内容的设置是否符合学员需求，以及培训项目的针对性、培训方案的可操作性等。

（2）培训中。该阶段主要对培训实施情况进行评估，为培训过程提供反馈信息，以便及时做出调整。其评估内容包括培训组织工作评估、学员参与情况评估、培训内容和形式评估、师资状况评估、培训资源评估等。

（3）培训后。该阶段主要通过对培训后学员的发展变化进行跟踪调研，评估培训项目是否达到预期目标。其评估内容包括对培训目标达成情况、培训效果、培训效益、学员工作绩效等。

二、培训教学质量管理主要问题分析指导

1. 培训教学质量管理需要注意的问题

开展培训教学质量管理，就是在培训教学整个过程中，按照确定的培训教学目标，依据职业标准和培训教学质量标准，运用一定的方法对培训教学活动全过程进行质量管理和控制。培训教学质量管理需要注意以下4个方面的问题。一是培训教学质量管理须覆盖培训教学全过程，管理范围和对象必须是培训教学全过程涉及的各种因素，其对象包括培训师、课程内容、教学方式方法、培训项目负责人、培训主管部门及学员等；二是培训教学质量管理的目的是加强对培训工作的管理，更加有效地落实培训责任制，确保教学质量；三是开展培训教学质量管理，必须制定管理评估的原则和标准；四是培训教学质量管理目标必须与培训课

程设置的目标相一致。

2. 主要问题分析、指导

培训教学质量管理可以通过以下4个维度对可能存在的主要问题进行分析、指导。

（1）质量管理控制程序和手段。质量管理控制程序是按既定的培训质量方针和培训目标，把培训活动控制在一定的质量标准范围内，并保证培训活动正常运行和有机衔接的科学、系统规定。控制手段是指对培训需求分析、培训设计与课程开发、培训组织实施、培训考核评估等阶段分节点地进行有效控制的方法和工具。在控制过程中必须将培训的全员和全过程纳入有效的控制范围内，通过数据搜集、信息反馈、问题分析等控制工具和手段，保障控制的实用性和有效性。

（2）质量管理控制规范和标准。在培训过程中具有许多不确定性，容易造成培训行为的主观性和随意性。质量管理控制规范和标准是关于各培训环节的具体质量管理标准要求，是培训活动的依据，是培训行为者共同遵守的规则、规定。质量管理控制规范和标准一般以作业指导书和程序文件的形式作为输出，以数量、质量、时限等为标准，以表格、图表、报告等为载体，在培训过程中按流程和路径要求，在各个不同的环节予以体现，既是培训组织和实施的"准绳"，又是培训质量管理的"法尺"，从而在根本上规范和保持培训活动的每个环节、步骤与行为都有"法"可依、有"案"可考、有"果"可鉴。

（3）质量管理控制主体和责任者。多数培训教学活动会采用项目负责制，培训项目负责人的地位和作用越来越重要，不但成为处于培训"第一线"的培训实施的主体和培训过程的主导者，也成为培训质量管理的"第一责任人"。培训部门作为培训项目的主要推动者和管理者，承担了对培训项目和培训质量进行第一时间的、微观上的、直接的控制责任。培训教学质量管理部门更多地承担了宏观协调和对重大环节与关键控制点的督导、评价和指导任务。

（4）质量管理控制环境和文化。对于培训机构来说，培训教学质量是其保持生命力和可持续发展的永恒主题。树立什么样的培训质量意识，就有什么样的培训质量管理体系，也就有什么样的培训规范和流程，就会形成什么样的培训质量。质量意识、质量方针和质量标准的不断提升和优化，必然为更好地实施培训质量管理提供良好的控制环境。可以通过构建共同的培训质量文化、统一全员的培训质量理念、健全质量管理架构、明确质量管理责任、规范培训和质量管理行为，形成严谨、科学、有序的质量管理机制和管理文化。

 **相关链接**

培训教学质量管理标准与体系

一、培训教学质量管理标准

目前,关于质量管理的标准有很多,比如 ISO 9000、ISO 14000、SA 8000、HSE 体系等,在这些质量管理标准中都有对培训的质量要求。其中,国际标准化组织于 1999 年发布的 ISO 10015 培训质量管理体系,是 ISO 9000 族标准体系中的专业化支持性标准,对于培训活动的过程控制、持续改进等具有很好的指导意义,已经成为培训业内共同认可的质量管理指南。

二、培训教学质量管理体系

培训教学质量管理体系是指培训机构为了保证培训质量,实现预期计划目标,而对培训教学活动采取的、若干相互联系的培训教学质量管理控制方法和措施,为培训教学质量管理提供系统保障。其主要构成要素包括以下 3 项。

1. 管理与控制基础。管理与控制基础是培训教学质量管理体系的重要组成部分,主要包括培训方针和目标的制定、组织机构的建立及其职责与权限、基础设施建设、资源提供、人力资源管理与开发、培训环境的完善等方面的要素,这些培训要素是开展培训教学活动的基础。

2. 控制程序。控制程序按照预期的质量方针和目标,将培训教学活动控制在一定的质量管理标准范围内,并保证培训教学活动正常运行和有机衔接的科学性。控制程序主要包括培训计划管理程序、设计控制程序、管理评审程序、质量策划程序、过程考核程序、质量改进程序等。控制程序必须将培训教学活动的全过程和所有参与人员(包括培训师、培训对象和工作人员等)纳入管理控制范围内。

3. 作业规范。作业规范是指对培训各部门和各环节的具体质量管理标准要求,包括各部门的工作制度、管理标准和作业指导书、表格、质量文件等培训教学各环节的规范,要求培训教学过程中各部门和各环节的工作质量标准必须明确、具体。

三、培训教学质量管理情况报告的主要内容

撰写培训教学质量管理情况报告,是培训教学质量管理的一项重要工作。培训教学质量管理情况报告的主要内容包括以下5个部分。

1. 前言

概述开展培训的背景、目的和意义,说明培训项目的基本情况,包括培训课程内容、培训时间、地点和参加培训人数。

2. 质量管理评估内容和实施过程

详细介绍培训教学质量管理评估的重点内容和评估方法。简要介绍培训质量管理实施过程。

3. 质量管理评估结果

尽量采用图表、评分等多种形式表现评估结果,并加以解释说明,明确阐述评估结论。

4. 结果分析与建议

针对培训教学质量管理中存在的各种问题,分析原因,并提出改进建议。

5. 附件

附件主要包括调查问卷、课程安排表和学员成绩等培训教学质量管理相关资料。

四、培训教学质量管理情况报告的写作要求

1. 写作要求

撰写培训教学质量管理情况报告时,要求内容全面、真实、完整,并力求准确表述,避免产生歧义。

2. 报告范例

下面是某培训学校的安全管理培训教学质量管理情况报告,供参考。

某培训学校安全管理培训教学质量管理情况报告

一、前言

1. 培训项目背景说明

为加强学校安全管理,落实安全管理责任制,提高学员安全管理意识,

组织此次安全管理培训。

2. 培训主题：安全管理培训

3. 培训方式：理论学习、实操演练

4. 培训师：李老师

5. 参训学员：各部门负责人及安全员

6. 学员人数：104人

7. 培训时间：××××年3月12—13日

8. 培训地点：学校二楼培训室

二、质量管理评估内容和实施过程

1. 培训前需求调查

在培训前，为更好地了解学员的实际需求，保证培训的效果，采用电话访谈形式进行了培训需求调查。调查反映出以下3项需求。

（1）各部门的安全管理水平需加强。

（2）事故应急处理方法需要普及。

（3）安全意识需要进一步加强。

2. 培训教学过程中反馈信息的搜集与处理

（1）在培训前，根据需求调研反馈信息，对课程内容和形式进行了相应的调整。

（2）在培训期间，通过不同方式与学员和培训师进行交流，搜集培训学员的意见和建议，以及培训师对学员的要求，将意见综合分析，及时向培训师和学员反馈，共同完善培训。

（3）在培训结束后，现场发放培训反馈问卷，由参加培训的学员填写，对本次培训进行了评估。

1）在全部反馈问卷回收后，对反馈表进行审核整理，并对反馈问卷的统计数据进行复查，以证实数据的真实性和有效性。

2）在对反馈问卷的信息进行分析时，结合重点信息进行总结，包括学员反映的信息、培训师的反馈、调研时以及培训期间搜集的意见等。其中的意见和建议内容体现在评估报告中。

（4）评估报告采用定量研究与定性研究相结合的方法，达到准确、深入、全面、细致的目的。

1）学员的反馈问卷采用定量研究的分析方法，采用数字模型表现学员对培训效果的认知，采用统计分析的方式完成。

2）定性研究以小样本为基础，采取无结构式的、探索性的调查研究方法，从多方面深入获取学员在培训中的意见和现实状况。

三、质量管理评估结果

为更好地掌握学员对本次课程的意见并评估学员培训效果，特对此次培训进行问卷调查，围绕课程质量、培训师表现、组织管理、学员感受4个方面对培训教学质量管理进行评估。

共发放反馈问卷103份，回收103份，其中有效反馈问卷103份。

满意率计算方式为：选项为优秀、良好的反馈问卷数除以反馈问卷总数。

1. 课程质量

从课程质量反馈统计表（见表3-1）中可以看出，此次培训在课程质量上，对工作的帮助、内容编排的合理性、理论知识的系统性、课程目标的适用性等方面得分较高，学员满意率均达到95%以上，符合课程要求。

表3-1 课程质量反馈统计表

反馈项目	优秀 5	良好 4	一般 3	较差 2	很差 1	平均分	满意率
你认为培训的课堂气氛如何	62	30	11	0	0	4.50	89.3%
培训内容对你的工作是否能带来帮助和启发	71	29	3	0	0	4.66	97.1%
本课程在满足您的需要和愿望上达到了何种程度	59	34	10	0	0	4.48	90.3%
内容编排的合理性	65	35	3	0	0	4.60	97.1%
理论知识的系统性	64	35	4	0	0	4.58	96.1%
课程目标的适用性	70	28	5	0	0	4.63	95.1%

2. 培训师表现

从培训师表现反馈统计表（见表3-2）中可以看出，此次培训在培训师安排上，讲课的主题和重点突出及条理清晰满意率达到了100%，培训师对学科知识的掌握、经验及分享、课件内容的完整性上评价较高。以上数据说明，学员对此次培训的培训师比较满意，但是培训师的表达能力、课堂气氛及与学员互动等方面有待改善。

表3-2 培训师表现反馈统计表

反馈项目	优秀 5	良好 4	一般 3	较差 2	很差 1	平均分	满意率
讲课主题和重点突出，条理清晰	81	22	0	0	0	4.79	100%
培训师对学科知识的掌握程度	74	27	2	0	0	4.70	98.1%
培训师的表达能力	79	13	7	4	0	4.62	89.3%
培训师能鼓励学员积极参与，有效回答学员提问	63	27	10	1	0	4.44	87.4%
培训师经验丰富，且乐于与学员分享	79	17	5	2	0	4.68	93.2%
培训课件内容清晰、完整	76	24	2	1	0	4.70	97.1%

3. 组织管理

从组织管理反馈统计表（见表3-3）中可以看出，学员对此次培训管理比较满意，学习环境及培训时间安排较为合理。但此次培训的组织管理方面仍有待提高，特别是在辅助工具的准备完善程度上，分值较低。

表3-3 组织管理反馈统计表

反馈项目	优秀 5	良好 4	一般 3	较差 2	很差 1	平均分	满意率
学习环境	80	17	5	1	0	4.71	94.2%
培训时间安排的合理性	79	18	5	0	1	4.69	94.2%
培训辅助工具的准备完善程度	66	20	5	4	8	4.28	83.5%

4. 学员感受

从学员感受反馈统计表（见表3-4）中可以看出，学员对此次培训的感受很好，在培训效果和培训师的能力两个方面分值都较高，说明学员对本次培训效果和培训师非常认可，通过培训得到了收获和启迪。

表3-4　学员感受反馈统计表

反馈项目	优秀 5	良好 4	一般 3	较差 2	很差 1	平均分	满意率
综合培训效果及收获	70	28	5	0	0	4.63	95.2%
培训师综合能力	81	21	1	0	0	4.78	99.0%

此外，本次培训学员的出勤率为100%。参训人数104人，实际参加考试103人，缺考人员1人，缺考率为：1.0%。经过理论考试，加权出勤情况，综合分数80分及以上为合格，其中93人合格，合格率为90.3%。

综上所述，本次培训的总体效果良好，学员纪律良好，学习态度端正，积极性高，培训组织工作完善，培训教学质量管理评估结果达标。

四、结果分析与建议

此次参加培训的学员为各部门负责人及安全员。在培训过程中，学员表现积极、虚心听讲，认真记录。培训师经验丰富，与学员分享了大量安全事故案例，把安全管理融入实际案例中，有助于提升一线管理人员的安全管理能力。培训后学员普遍能认识到安全管理对个人及学校正常运营的影响，并表示希望能通过多参加类似的培训，学习更多的安全管理、法律等方面的知识。

五、附件

安全管理培训教学质量管理方案、培训需求调查问卷、课程安排表、学员成绩等相关资料（略）。

培训教学质量主要问题分析、指导

一、操作准备

1. 研读本单位培训教学质量管理方案。
2. 多方了解本次培训项目实施情况。

二、操作步骤

步骤1　组织调研搜集信息

根据项目实施情况,各责任主体对学员培训前后的对比性数据,以及培训实施前期、中期、后期的数据和信息进行系统、全面的整理、分析,并形成文档。

步骤2　相关人员进行汇报

按照项目参与的各个责任主体,依次进行培训教学质量情况汇报。

步骤3　对标标准查找问题

主要是对标培训教学质量管理方案所形成的作业指导书和程序文件,以及数量、质量、时限等标准,查找相关差距、问题。

步骤4　集体讨论提出对策

这是问题分析与指导的核心。其一在于群策群力,找出高质量的对策;其二在于厘清主体责任,形成系统性合力。

步骤5　优化相关质量标准

主要是优化质量管理控制程序和手段、质量管理控制规范和标准、质量管理控制主体和责任者、质量管理控制环境和文化4个维度的质量标准。

三、注意事项

1. 培训教学质量是多方主体参与的结果,要注意引导共同解决问题,而不是单纯地划分责任分工。

2. 分析、指导问题,不能停留在问题本身或者表面,要引导各责任主体对照培训教学质量管理方案进行思考,并最终优化相关制度文件,杜绝问题的再次发生。

培训单元3　指导开发培训教学数字化管理服务平台

1. 开发培训教学数字化管理服务平台的意义。
2. 开发培训教学数字化管理服务平台的指导原则。

3. 开发培训教学数字化管理服务平台的功能模块要求。

4. 培训教学数字化管理服务平台的过程管理要求。

一、开发培训教学数字化管理服务平台的意义

数字化时代是继工业时代和信息时代之后的一个新时代，数字化转型是培训机构在数字化时代的新任务。数字化转型不仅是数据技术的创新、信息管理系统的应用，而且还是在组织、人才、资源和运营上的全面管理革命。数字化管理是指利用计算机、通信、网络等技术，通过统计技术量化管理对象与管理行为，实现研发、计划、组织、生产、协调、销售、服务、创新等职能的管理活动和方法。

培训教学数字化管理服务平台的开发，可以实现学员信息数据化、培训管理工作流程高效化、培训资源数据化、培训监管实时化、培训考评工作制度化，对于提高培训教学管理质量具有非常重要的意义。主要体现在以下 4 个方面。

1. 提高培训教学管理的效率和质量

使用培训教学数字化管理服务平台，可以大幅提高培训教学管理的效率。例如，报名、调研、签到、投票、评估、考试等，学员只要扫一扫二维码，就能直接生成管理数据，可以减少很多复杂的人工操作，大大提升培训管理效率。

2. 提高培训教学的灵活性与多样性

数字化管理服务平台的应用逐渐改变了传统的培训教学管理模式，让教与学不受时间、空间和地点等条件的限制，知识获取渠道也变得更加灵活和多样。

3. 提高学员学习效率与乐趣

通过数字化管理服务平台，可以个性化、信息化定制教学方案，以大数据驱动培训项目运营，通过多样化的运营方式，提高学员的学习效率与学习乐趣。

4. 提高经验萃取与传承的效率

应用培训教学数字化管理服务平台，可以实现从单一的信息传输到学员分享反馈的双向传输，有利于提高经验总结与传承复制的效率。

二、开发培训教学数字化管理服务平台的指导原则

1. 先进性

采用主流系统架构设计，实现数据访问、业务处理、用户体验分层次处理，以多线程、异步运算方式，实现快速、高效的运算。

2. 适用性

培训质量管理系统要坚持针对性和实践性，以培训质量管理的实际需要为出

发点，与培训管理的流程紧密结合。

3. 规范性

开发过程应基于软件工程标准化开发流程，注重环节质量，成果评测。技术标准基于国家信息化建设规范。

4. 易用性

系统高效、灵活，用户界面简单、友好，容易掌握，可以实现便捷操作。

5. 兼容性

能够兼容主流的浏览器和各个端口，尤其是面向学员的界面，能够兼容各种主流设备，如 PC 端、移动端，真正实现移动式学习。

6. 安全性

确保系统平台的框架稳定、可靠，并经过不同培训项目的运行实践，开发技术成熟，数据安全性高。

三、开发培训教学数字化管理服务平台的功能模块要求

1. 信息输入模块的多元化

培训教学活动具有活动过程的复杂性、参与主体的多元性、培训客体（包括培训对象、培训教材、培训教学方法）的不确定性等特点，培训教学数字化管理服务平台首先要能满足这个前提要求，能让多元化的信息成功输入。

2. 信息流动模块的标准化

培训教学质量的过程管理必须从规范培训活动的每个步骤入手，细化培训教学全过程，形成若干个培训关键控制环节，并通过制定标准化的文件和作业指导书，使不确定性因素的影响最小化，保证培训活动的每个步骤的培训行为在数字化培训教学服务平台上都有"法"可依、有"标"可查。

3. 信息输出模块的可视化

培训教学质量的过程管理最终要借助数字化培训教学服务平台，让各个环节的质量信息、质量成果可视化。所以，针对平台的可视化呈现的数据分析底层逻辑及相应的管理界面要适应过程管理的需求。

四、培训教学数字化管理服务平台的过程管理要求

培训教学活动具有活动过程的复杂性、参与主体的多元性、培训客体的不确定性等特点，培训质量管理应当遵循培训教学活动的规律和流程而展开。

要实现培训教学质量的过程管理，需要数字化管理服务平台注重对培训教学活动的程序化过程控制，对于培训项目实施部门和管理部门需要统一控制的关键点及其标准（如培训需求文件、培训大纲、培训计划、培训师资、参训学员、考试考核、学员评估等），应以输出文件的形式予以确认，配合培训质量管理流程编制相应的管理软件，并通过计算机程序完成对培训过程的监控，确保培训教学管理的整体控制，减少人为因素的影响。

1. 平台架构设计要求

为确保数字化管理服务平台满足培训教学质量全过程管理要求，培训教学数字化管理服务平台一般应由支撑设施、学习平台和终端平台等部分组成，如图3-1所示。支撑设施包括网络带宽、存储空间、负载均衡和功能优化工具，学习平台包括培训业务管理系统、培训业务支撑系统和数据库集群等，终端平台包括计算机、Web（互联网总称）学习终端、移动App、微信小程序等。学习平台后台管理模块主要包括平台基础设置、系统设置、机构管理、学员管理、培训师管理等模块，如图3-2所示。

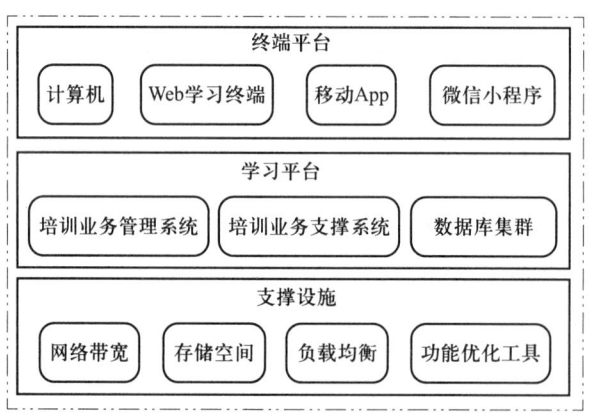

图3-1 培训教学数字化管理服务平台架构图

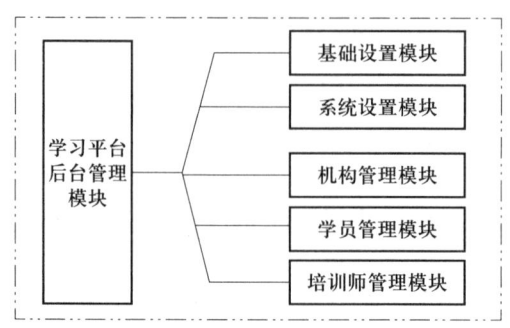

图3-2 学习平台后台管理模块结构图

2. 质量控制关键点设计要求

数字化管理服务平台应满足培训教学过程中各环节关键点的质量管理控制要求，从而实现对培训教学质量的全过程管理。培训教学过程中的质量管理控制关键点见表3-5。

表3-5 培训教学过程中质量管理控制关键点

阶段	主要过程及环节	质量管理控制关键点
第一阶段：确定培训需求	制订培训计划→确定培训动议→开发培训项目→确定培训项目→成立项目组织→分析能力差距→形成需求文件	1. 培训动议与培训需求的吻合度 2. 培训目标对学员的针对性 3. 培训项目的科学性、规范性与可操作性 4. 培训项目的组织严密性与多方参与性
第二阶段：设计和策划培训	编制培训大纲→制订培训计划→设计培训模块→培训项目审核→培训项目登记→培训前准备	5. 培训大纲编制要严谨 6. 选聘培训师 7. 培训实施计划与培训模块设计 8. 培训成本的预算 9. 招收学员与学员资格审查 10. 培训前的准备
第三阶段：组织和实施培训	学员注册→开学典礼→培训师教学管理（填写培训日志）、班级学员管理（考勤作业统计）、培训教学服务（制作通讯录）	11. 课前准备 12. 培训监控，包括检查培训计划的执行情况、学员考勤及纪律管理、检查培训师的培训情况、教学过程的动态调整等 13. 培训服务，包括为培训师服务、为学员服务、处理突发事件、创造学习环境等
第四阶段：评估与考试、考核	考试、考核管理→培训前后能力对比→结业发证存档 培训评估分析→培训办班水平评估→培训信息反馈 培训项目总结→培训师、学员座谈会→培训项目推介	14. 考试与考核，包括按培训大纲的要求，组织考试或考核；要求学员写出学习体会或技术总结、论文等；学员填写培训后能力测评表等 15. 培训评估，学员培训前后技能对比数据，审视需求分析及课程设计的科学性及合理性；进行培训成本分析，看投入、产出是否合理等 16. 跟踪评价，在培训班结束一段时间后，对学员进行跟踪调查，验证培训效果

3. 数据库设计要求

培训教学数字化管理服务平台的核心是信息系统，对数据库设计要求较高，特别是培训需求调研、学员评价及满意度评价等涉及质量监控的相关环节和功能。例如，学员评价功能模块中既要按照不同的培训项目设计不同的评价问题，又要对每个问题的分数进行动态调整，对数据库的设计提出了更高和更灵活的要求，建议委托有资质的第三方机构完成。

4. 安全稳定性要求

服务器需提供最高级别的安全防护，包括加密处理、自动化监控管理、权限控制、自动实时报警等，确保数据传输和存储安全。能够保持长期、连续、稳定工作，做到每天24小时在线运行、零故障。遇到特殊情况，如停电、网络异常、服务器异常等情况，系统能在短时间内得到恢复。

质量控制关键点设计

一、操作准备

1. 梳理汇总整体培训项目的各类文件。
2. 梳理汇总总体培训项目的各类流程。

二、操作步骤

步骤1　流程的标准化设计

根据项目实施情况，按照信息流的逻辑，对整体培训流程进行主流程、分支流程等各类流程的梳理，以及标准化、固化。

步骤2　文件的标准化设计

为了支撑流程之间的有序衔接，信息流通，必须按照相关数据化要求，对相应文件进行规范化设计、优化，使文件标准化。

步骤3　讨论质量控制关键点

组织研讨，从实用性和有效性两个维度，结合实际情况进行深入分析，梳理出影响培训教学的质量控制关键点，并明确相关控制形式及责任主体。

步骤4　试运行及控制点优化

根据研讨结果，可以进行试运行并组织人员反馈和优化。

三、注意事项

1. 质量控制点并非越多越好，要以服务培训教学质量为最终目标。否则烦琐的操作，复杂的流程反而影响工作效率与效果。

2. 标准化是数据化的基础，在实施过程中对人员提出了较高要求，需要特别注意进行解释、说明。

培训单元 4　制定培训教学督导工作规则

1. 培训教学督导工作规则的内容。
2. 制定培训教学督导工作规则的原则。
3. 制定培训教学督导工作规则的方法。
4. 培训教学督导过程中的常见问题及解决办法。

一、培训教学督导工作规则的内容

培训教学督导是对培训教学工作全过程（包括教学活动的前期准备、教学计划制订、教学过程各环节）进行监督、检查、指导、建议，并对教学总体质量进行评价的活动。培训教学督导工作规则的主要内容包括以下 3 个方面。

1. 监督和检查

监督和检查的具体内容包括教学前期准备工作，教学中期实施情况，教学后期整体进度、达标程度及效果评估等。

2. 指导和建议

指导和建议包括针对教学前期准备工作的各项内容提出修订建议，指导解决教学过程中的典型问题，指导培训师授课等。

3. 评价

评价的具体内容包括评价培训教学组织方案撰写和培训组织实施情况，评估培训教学质量，评价教学相关人员工作表现情况等。

二、制定培训教学督导工作规则的原则

制定培训教学督导工作规则，应坚持真实性、服务性、指导性、保密性、研究性原则。培训教学督导工作规则应以党和国家关于职业培训方面的方针、政策为根本依据，遵循心理学、教育学的一般规律，并紧密结合职业培训自身的特点，科学、精准，具有普遍性、代表性。

1. 真实性

必须坚持实事求是、依法督导、秉公督导，做到摸实情、讲实话、出实招、收实效。

2. 服务性

必须有强烈的服务意识，心系整体发展、力尽督导所能，为被督导单位提供服务、给予支持。强调廉洁自律，勤俭督导，不搞特殊化，以身作则，树立教学督导员的良好形象。

3. 指导性

要求认真学习教育理论、教育法规，努力成为教学部门的专家顾问，教育教学问题最积极的研究者，教育改革和先进目标理念的倡导者、传播者和指导者。做到调研提建议，参谋不决策，帮忙不添乱，配合不代替，成为被督导单位的良师益友。

4. 保密性

严格遵循保密纪律。妥善保管文件、资料，不得遗失。对培训师、学员等反映的问题和意见，不得向外扩散，不应该向外透露的机密绝不泄露。

5. 研究性

采取灵活多样的形式，深入教学一线，掌握第一手资料。积极、主动地思考问题、研究问题，勇于提出新的思路和方法，及时发现、总结、推广管理的典型和成功经验，充分发挥示范指导作用。

三、制定培训教学督导工作规则的方法

1. 参照法

参照法即参照其他工作开展督导检查的规则，并结合职业培训教学工作的特点，制定相应的培训教学督导工作规则。基本步骤包括制订参照计划，成立编写参照工作小组，进行信息搜集并分析自身特点，撰写初稿并审核修订，适应与优化（总结应用经验并持续改进）。

2. 归纳法

归纳法即由特殊、具体的事例推导出一般原理、原则的方法。基本步骤是将各类督导工作经验、出现的问题等加以搜集、归纳、整理，再结合职业培训工作的具体情况和规律，制定相应的工作规则。

3. 关键问题法

关键问题法即针对某一工作中重要的、能导致该工作成功与否的任务和主要

问题进行分析并解决问题的方法。基本步骤是搜集教学督导工作中的若干关键点或关键问题,分析其性质、特点,确定解决问题的原则和方法,制定相应的规则。

4. 综合法

综合法即部分或全部结合上述三种方法,结合具体工作情况,制定相应的规则。

四、培训教学督导过程中的常见问题及解决办法

1. 培训教学督导过程中的常见问题

教学督导过程中常见的问题包括对课堂教学重视不够、教学过程数据搜集不足、对教学创新缺乏正确引导、对实操教学督导不到位、督导涉及面不够全面等。

2. 解决办法

(1)加强课堂教学督导。要采用以点带面、个体与群体相结合的方式,开展现场听课、集体评课、检查课堂教学改进计划等督导活动,加强对教学现场的检查督导。特别是对于新的培训师,应重点加强对其教学基础技能、教学设计、教案及教学方法运用等环节的指导。

(2)加强教学秩序、教学文件的检查。应注意加强对整体教学组织情况的检查,观察培训师授课、学员学习表现、教学设施设备的运行等情况,检查常见的教学文件,包括教师教案、教学计划、学员手册、教师手册等。

(3)推动教学研究和创新。要引导培训师重视教学研究工作,不断更新和优化教学方案。引导培训师根据技术进步情况,以职业活动为导向,以职业技能为核心,研究改进教学内容,创新教学方法。引导培训师参加相关教研活动并做好记录。

(4)突出实操教学督导。实操教学是职业技能培训教学的一大特色。在对实操教学进行督导时,首先要引导师生重视实操教学;其次要注意通过教学文件审查、跟班听课与评课、组织座谈访谈等方式,全面了解掌握实操教学情况;最后要对实操教学的优、缺点及共性问题提出意见和建议,解决存在的问题并跟踪改进情况。

(5)组织培训结果分析。考试考核是检验培训教学成果的重要手段。通过组织分析考试考核结果,可以促进培训师反思教学环节设计、教学内容编排、命题设计等,提高教学的针对性、系统性、科学性;引导培训师对学员在学习、训练过程中存在的问题及时给予反馈和指导。

（6）发布教学督导信息。注意利用各类工作平台，及时、准确、全面地定期发布培训教学秩序监督、教学文件检查、教学研究和创新、实操教学组织、考试结果分析等教学督导情况，不定期与相关部门沟通督导信息，为各级教学管理部门正确决策提供信息服务。

用参照法制定培训教学督导工作规则

一、操作准备

1. 寻找参照对象。

2. 了解督导对象。

二、操作步骤

步骤1　制订参照计划

参照计划应该包括具体的参照对象，以及接下来的对标分析、成果产出等系列计划。

步骤2　成立编写工作小组

编写工作小组应当包含督导、督导对象及参照对象中的相关成员，保证整个工作小组信息的全面性、客观性、公正性。

步骤3　进行信息搜集并分析自身特点

搜集信息，组织研讨。吸收参照对象的成功之处，如系统性、实用性、规范性等，剔除不适合现有督导对象的内容。

步骤4　撰写初稿并审核修订，反馈与优化

撰写初稿、审核优化后可以进行试督导，并组织人员反馈和优化。

三、注意事项

参照对象的质量非常重要，尽量选择具有权威性同时又比较接近实际情况的参照对象。

培训项目 2 培训教学绩效管理

培训单元 1　培训教学绩效总体评估

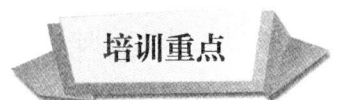

1. 培训教学绩效管理的含义及基本原则。
2. 培训教学绩效管理的整体改进模型。
3. 培训教学绩效管理的评估方法。
4. 培训教学绩效管理的指导建议。

一、培训教学绩效管理的含义

所谓绩效管理,是指各级管理者和员工为了达到组织目标,共同参与的绩效计划制订、绩效辅导沟通、绩效考核评价、绩效结果应用、绩效目标提升的持续循环的过程,绩效管理的目的是持续提升个人、部门和组织的绩效。

培训教学质量管理与绩效管理都重视对培训全过程进行管理。两者的区别在于,前者主要考虑是否实现培训的质量目标,如培训合格率、考证通过率等;后者主要考虑3个方面的收益情况,学员的投入与收益、培训机构的收益以及社会效益。

二、培训教学绩效管理应遵循的基本原则

1. 客观性原则

在评估过程中,评估指标的设计、权重的确定以及具体的定性、定量分析,都应尽量避免评估人的主观因素对评估结果的影响,不仅要由有关专家或专业管

理者、培训人员进行打分和评判,还需将学员的意见纳入评估的考察范围,在采用定性、定量相结合的评估方式时,要适当增加可量化指标的权重,淡化评估的主观性。

2. 综合性原则

评估体系在目标考核层面不仅要评估预期目标的实现情况,由培训效果产生的非预期目标也应在评估结果中得以反映;不仅要评估培训方案制定者的目标实现情况,还要与学员的需求相结合,评估培训活动是否有助于实现学员的预期目标。在对培训结果进行考核时,要从学员个人培训目标的实现及培训对组织发展的影响两个方面进行综合测评。在评估方法的选择上,应避免单一的定性或定量考核。

3. 灵活性原则

要根据评估的目标和评估对象以及评估周期确定采用的评估方法。同时,接受评估者应享有对评估方案的话语权,评估方法制定者应在广泛采纳评估对象意见的前提下根据具体情况确定科学的评估方法,并通过在实践中的运用搜集反馈信息以便改进评估方案。

三、培训教学绩效管理的整体改进模型

目前,培训教学绩效管理的整体改进模型有很多种,被广泛应用的主要有以下 3 种。

1. ADDIE 模型

该模型源于教学系统设计,形象、直观地展示了设计与开发教学培训及有关产品的过程,包括分析(analysis)、设计(design)、发展(develop)、执行(implement)、评估(evaluate)。

一方面,该模型解释的系统化过程的 5 大阶段是组织绩效改进流程的基本环节,除 5 个基本环节外,模型没有阐述其他要素,为工作人员发挥主观能动性,因地制宜地设计符合实际的操作细节提供了空间,能够引导绩效改进实践工作的开展。

另一方面,模型中的 5 大环节并非独立线性,而是呈现相互交叉、同步进行的态势,体现了绩效改进实际操作的复杂性与动态性。同时,评价和修改贯穿整个过程,一直到绩效改进小组通过不断的形成性评价,设计开发出最优方案,确保绩效改进的成功。

2. 绩效技术模型

绩效技术模型由国际绩效改进协会提出，该模型指出了绩效改进不可或缺的 5 个必经阶段，并对每一个阶段所涉及的要素都进行了简单的说明。

第一阶段：绩效分析。模型对组织分析的维度以及明确绩效差距的方法进行了说明。

第二阶段：原因分析。模型列举了可能导致绩效问题的环境问题与个体能力问题的几个方面。

第三阶段：选择干预措施。模型提示了可以选择的多种干预。

第四阶段：实施变革管理。模型列举了为促进组织中变革的顺利进行需要开展的工作。

第五阶段：评价绩效改进。模型简单地说明了需要实施的评价模型与时机。

3. ATD 绩效改进模型

ATD（association for talent development，人才发展协会）绩效改进模型运用结果导向与系统化的流程，对组织进行商业分析，识别组织目标，并以此作为驱动力进一步评估组织绩效差距，分析问题的根本原因，选择与设计干预措施，改进测量结果并持续改进组织绩效。

以上 3 种模型均可以用来指导培训教学绩效管理者，从微观到宏观，分 3 个层级对绩效进行管理和改进工作。其中，ADDIE 模型侧重培训教学模块；国际绩效改进协会的绩效技术模型，侧重整体的培训系统工作；ATD 绩效改进模型，侧重对组织整体商业目标的提升。

四、培训教学参与主体的绩效评估方法

培训教学参与主体的绩效评估方法可以分为三大类，分别是相对评价法、绝对评价法、描述法。具体应该采用哪种评价方式，要根据实际培训教学绩效管理的需求选择，不能盲从于某一种评价方式。表 3-6 从 1~5 分的维度，分别评价了每一种评价方法的公平性、客观性和激励性特征，可以用来指导具体工作。

表 3-6　培训教学参与主体的绩效评估方法

评价分类	具体方法	公平性	客观性	激励性
相对评价法	两两比较法	4	5	3
	强制比例法	4	5	3

续表

评价分类	具体方法	公平性	客观性	激励性
绝对评价法	目标管理法	3	4	5
	关键绩效指标法	3	4	5
	等级评估法	3	4	5
描述法	全视角考核法	5	3	2
	重要事件法	2	3	5

1. 相对评价法

相对评价法即不设定绝对标准，而是通过客观的比较竞争对被考核者，即培训师及其他参与主体的绩效进行评价。

这种方法的优势在于其避开了设计绝对标准的难度，否则绝对标准设计不合理或者不科学，会导致绩效管理难以落地，而通过良性的内部竞争，自然会形成榜样效应或最佳标准，推动整体绩效的提升。其劣势也很明显，一旦竞争不是良性的，也可能会导致整体绩效标准一直很低，或出现强制比例后优秀的人员被淘汰的情况，失去一定的激励性。

（1）两两比较法。两两比较法是指对被考核者进行两两比较，任何两位被考核者都要进行一次比较。在两名被考核者比较之后，相对较好的被考核者记"1"，相对较差的被考核者记"0"。所有的被考核者相互比较完毕后，将每个人的得分相加，总分越高，绩效考核的成绩越好。

（2）强制比例法。强制比例法是指根据被考核者的业绩，将被考核者按一定的比例分为几类（最好、较好、中等、较差、最差）进行考核的方法。

2. 绝对评价法

绝对评价法就是设定绝对标准，通过清晰、明确的绩效考核标准，激励被考核者，即培训师及其他参与主体达成预定的绩效指标。

这种方法的优势在于具有很强的激励性，因为最终的结果达成标准以及相应的奖惩措施往往是非常明确的，如业绩目标、关键绩效指标，以及各个等级评价指标，都是事前约定甚至签订相关协议的。其弊端也在于如果过于绝对，往往会牺牲一定的公平性。因为整个培训教学的绩效是综合的、系统的，某个局部绩效并不能够代表全体。甚至这种公平性的缺失，会让其他参与主体失去积极性，感受不到岗位的意义与价值。

（1）目标管理法。在培训教学绩效管理范畴，目标管理法是通过将组织的绩效整体目标逐级分解，直至个人目标，最后根据被考核者完成工作目标的情况进行考核的一种绩效考核方式，如招生率、续课率、满意度等。在开始工作之前，考核者和被考核者应该对需要完成的工作内容、时间期限、考核的标准达成一致。在时间期限结束时，考核者根据被考核者的工作状况及原先制定的考核标准进行考核。

（2）关键绩效指标法。关键绩效指标法是以企业年度目标为依据，通过对被考核者工作绩效特征的分析确定反映企业、部门和被考核者个人一定期限内综合业绩的关键性量化指标，并以此为基础进行绩效考核。

（3）等级评估法。等级评估法根据工作分析，将被考核岗位的工作内容划分为相互独立的几个模块，在每个模块中用明确的语言描述完成该模块工作需要达到的工作标准。同时，将标准分为几个等级选项，如优、良、合格、不合格等，考核者根据被考核者的实际工作表现，对每个模块的完成情况进行评估。总成绩便为被考核者的考核成绩。

3. 描述法

描述法即通过主观描述对被考核者，即培训师及其他参与主体的绩效进行评价。主要是通过一些感受、反馈、影响性等指标进行综合评价。

（1）全视角考核法。全视角考核法是指上级、同事、下级、自己和顾客对被考核者进行考核的一种考核方法。通过这种多维度的评价，综合不同评价者的意见，可以得出一个全面、公正的评价。

（2）重要事件法。重要事件法是指考核者在平时注意搜集被考核人的"重要事件"，这里的"重要事件"是指那些会对部门的整体工作绩效产生积极或消极的重要影响的事件，对这些表现要形成书面记录，根据这些书面记录进行整理和分析，最终形成考核结果，如教学事故率等。

全视角考核法最大的特征就是形式上的公平性，特别是一些岗位在培训教学过程中的隐形价值与行为贡献，往往可以通过综合评价凸显出来。重要事件法最大的特征就是成果的激励性很强，尤其是涉及逾越培训教学过程中质量红线的事件，或者超出质量标准预期的卓越成果，往往可以以点带面，对整体培训教学绩效产生重大影响。

五、培训教学绩效管理的主要评估方法

1. 硬指标与软指标结合的评估法

硬指标的分析为培训成本收益评估，培训的成本收益评估多采用成本收益分

析模型分析培训的收益性，即

$$成本收益率 = 培训获得的收益 / 培训投入的成本$$

成本收益率 >1，则说明培训可取；成本收益率 ≤ 1，说明培训不可取，除非培训给企业带来非显现的收益。

软指标的分析主要为员工满意度和顾客满意度。员工满意度的评估包括以下方面：员工对培训的意见反馈、员工对所学知识技能的掌握程度，员工受训后的工作态度、工作行为的变化即培训前后员工流失率的变化。顾客满意度的评价可以从产品质量、交货期、次品率、客户的投诉情况、顾客在使用产品或服务的过程中提供的反馈意见以及订单的多少等方面入手。

2. 集体讨论评估法

集体讨论评估法是采取集体舆论评议、群体表决等方式，对评估对象做出评价和估量。其具体做法是由评估工作领导部门的成员和相关评估工作业务人员参加，适当邀请有关人员提出各方面的意见，进而针对评估指标对评估对象进行打分。

3. 绩效评估法

绩效评估法是由绩效分析法衍生而来的，主要被用于评估学员行为的改善和绩效的提高。以学员培训前的绩效记录为基础，在培训结束 3 个月或半年后，对照以前的绩效记录对学员进行绩效考核，一般包括目标考核和过程考核。目标考核是绩效考核的核心，分定量目标和定性目标。过程考核主要反映学员的工作现状，通常包括考勤、服务态度、工作饱满程度等指标。

4. 笔试法

笔试法用于了解学员已掌握的知识，它能在培训期间反馈学员的有关信息，考查学员一段时间内的学习成果等。

5. 操作性测验

操作性测验是指通过对实际操作过程的观察和评价进行评估测验的方法，它可以应用于整个培训过程，具有较高的表面效度；能加强学习效果；鼓励学员在工作中应用培训内容；能让培训师和学员了解教学效果。当培训由一些相互独立的单元组成时，在培训前对学员进行操作性测验，还可以有针对性地确定学员应当接受的培训项目。

6. 行为观察法

行为观察法是指观察者选择直接观察的方法，设计并利用专用工具对预定的对象进行观察评估的方法。它能够当场反馈学员的学习进展，考核培训结束后学员的能力，测量和评价学员培训前后的行为变化。

六、培训教学绩效管理的指导建议

培训教学绩效管理的绩效改进不局限于一种方法与技术,强调运用系统思维,通过分析其根本原因找到有效的解决办法,并选择最具有经济效益的方案实施,提高组织绩效。

培训教学绩效整体改进模型是一种理论上的提炼,所以必须同实践结合才能真正达到效果。

培训教学绩效评估

一、操作准备
1. 搜集培训教学绩效的相关数据。
2. 明确培训教学绩效评估的价值。
3. 了解培训教学绩效评估的规则。

二、操作步骤
步骤1 组建评估团队

由专业领域人员、相关管理人员以及教学绩效专家共同组成评估小组。

步骤2 商定评估办法

选择相应的评估方式和具体方案。

步骤3 实施评估

结合培训项目绩效的相关数据,进行评估和分析。

步骤4 确定评估结果

由评估小组商定评估最终的结果。

步骤5 撰写评估报告

三、注意事项
1. 评估不能预先下结论,要根据培训项目过程真实的数据进行评估。
2. 评估过程要充分发挥评估小组成员的作用,分工协作。
3. 评估结果要经过相关人员的认可和同意。

培训单元2 培训教学绩效管理问题分析和解决

1. 培训教学绩效管理的主要影响因素。
2. 培训教学绩效管理问题的解决方法。
3. 培训教学绩效管理的注意事项。

一、培训教学绩效管理的主要影响因素

1. 培训体系的建设情况

培训涉及的对象较多,层级也不同,因而绩效管理首先应关注培训体系。是否做到分层次、有针对性地开展培训,对象是否全覆盖,在实际实施过程中培训课程设置是否有遗漏或存在不同层次混淆等都会影响培训教学绩效管理。

2. 培训经费使用的范围及规范性

培训经费使用的范围和标准是否有相关的明确规定或使用规范,也会对培训教学绩效管理产生重要影响。应通过抽查经费凭证,核查实际使用的培训经费是否符合使用范围、是否符合相关经费标准以及凭证所附相关材料是否完整等。

3. 培训课程开发设立要求和审核规范情况

是否有具体课程的开发设立要求和审核规范,其中包括课程设计申报和审核是否规范;课程内容和对象是否符合培训体系要求;课程管理和考核标准是否清晰等,都是培训教学绩效管理的重要影响因素。

4. 培训开展中的考核和监督管理

具体课程的实施监督管理直接关系到培训的实际效果。培训教学绩效管理应关注于培训的具体实施要求、日常考核方式、结业考核方式和考核的结果,也应关注于管理部门对课程的检查,应不定期抽查考核记录和考核材料。

5. 培训的长效机制

培训教学绩效管理的影响因素还包括培训的长效机制。培训教学绩效管理应聚焦于培训是否有持续性的激励机制,鼓励学员积极参与各项培训活动;是否有网络课程等机制有效缓解培训的要求与学员日常工作间的工学矛盾；培训的参与、成果、表现等是否与员工发展相挂钩；是否能够通过信息化平台进行管理，并结合学员职业生涯规划、专业发展数据库等，通过设立的专项问卷调查，对于培训内容的针对性、培训的课程和导师设置、培训效果等进行调查了解。

二、培训教学绩效管理问题的解决方法

1. 加强对培训教学绩效管理的认识程度

培训管理者对绩效管理的认识程度是影响绩效管理效果的重要因素。如果培训教学绩效管理者能够深刻理解绩效管理的最终目的，更具前瞻性地看待问题，并在绩效管理和评估的过程中有效地运用最新的绩效管理和评估理念，便可以推动培训教学绩效管理和评估的有效实施。

2. 获得高层领导支持

培训教学绩效管理是组织整体战略管理的一项重要手段，迫切需要得到高层领导的支持。高层管理者如果积极推动绩效管理的实施，给予培训教学绩效管理者必要的支持，将会使绩效水平得到有效的提升。

3. 需要人力资源或相关管理部门尽职尽责

人力资源或相关管理部门在整个绩效管理的过程中扮演着组织协调者和推动者的角色。如果人力资源或相关管理部门能够对绩效管理全情投入，加强对绩效管理的宣传、组织必要的绩效评估培训、完善绩效考核的流程，就可以为绩效管理的有效实施提供有力保证。

4. 培训师及参与主体对绩效管理的态度

培训师及参与主体对绩效管理的态度直接影响绩效管理的实施效果。如果培训师及参与主体认识到绩效管理的最终目的是帮助他们改进绩效而不是单纯的奖罚，绩效管理系统就能发挥功效。反之，如果培训师认为绩效管理仅仅是填写各种表格应付上级或对绩效管理存在严重的抵触情绪，那么绩效评估就很难落到实处。

5. 绩效目标的设定

一个好的绩效目标要满足具体、可衡量、可实现、与工作相关等要求。只有这样，组织目标和部门目标才能得到有效的执行，绩效考核的结果才能够公正、客观和具有说服力。

6. 绩效指标的设置

每个绩效指标对于组织和培训师而言，都是战略与文化的引导，是工作的方向，因此清晰明确、重点突出的指标非常重要。好的绩效指标可以使绩效考核重点突出，便于绩效管理的实施。

三、培训教学绩效管理的注意事项

1. 在沟通与合作的基础上，注重质量、关心客户

培训师及相关参与主体，应将企业当成自己必须竭尽全力服务好的客户，通过持续的沟通获取企业真实的状况，并设计和执行相应的培训作业。

2. 建立常态化伙伴关系

培训教学绩效管理之所以很难评估，是因为培训教学的绩效管理是一个系统化的事情。尤其是对于那些有长期培训规划、每年有能力划拨固定费用实施培训的企业来说，让彼此之间的合作由陌生到熟悉，由生硬到默契，既可以节约成本，又可以长期性、系统性地最大限度地提升培训绩效。

 **典型案例**

某家电生产企业营销人员专业培训

一、情景描述

某家电生产企业对营销人员进行了一次专业知识培训。学员大都是刚刚走上工作岗位的专科毕业生。在培训结束后，他们被派往当地各大商场，成为常驻商家的推销员，协助商家直接面对面为消费者提供咨询服务。由来自某高校的几位市场营销学教授作为培训师对内容进行安排。培训教室选择在公司空置的厂房内，由于是炎热的夏季，教室里没有空调等降温设备，使得学员的注意力难于集中。教授们所讲授的内容，学员早已在学校系统学习过。开始时，培训还能引起大家的注意，但终因"灌输式"的教学方式枯燥无味，使学员们觉得十分困倦。最后，公司专职的培训师讲授了公司主打产品的主要性能等内容。在培训结束后，学员被派到各大商场参加公司产品的促销活动。当顾客问及有关产品的性能和特点时，他们还能作答，但遇到更深一层

的问题时,这些新上岗的推销员们常常是无言以对,甚至当着顾客的面,反复翻阅说明书和宣传材料作出答复。一个月下来,该公司主打产品的销售量和市场占有率并没有任何起色。

二、案例分析

本次培训失败的原因主要有以下6个方面。

1. 本次培训在内容、培训师、培训方式方法、培训场地等方面都存在明显的缺陷和不足,没有认真地进行设计。

2. 没有对培训过程进行全面跟踪和监测,忽视对培训过程的管理。

3. 销售部门没有对本次培训的目标和内容等提出具体的要求。

4. 没有进行培训需求分析,既没有弄清业务部门对本次培训的要求,也没有制订一份专项培训计划,对培训的目标、内容、程序、时间、地点、费用等做出规定。

5. 没有制订一项切实可行的教学计划,对本次培训的目标、培训的对象、教学形式、教学环节、教学的时间安排等方面做出计划。

6. 没有对培训的课程进行设计,所以对课程目标和内容、教学模式和策略、课程教材和课程评价、教学组织、课程时间和课程空间,以及培训师和学员的条件等方面没有做出规定。

培训教学绩效管理问题解决

一、操作准备

1. 搜集绩效管理问题。
2. 了解影响培训教学绩效管理的要素。
3. 组织相关人员进行问题的研讨。

二、操作步骤

步骤1　明确目标

在研讨前,向参与人员重申和明确培训教学绩效管理的目标、相关指标,达成统一标准并公示。

步骤2　问题罗列

公示所搜集的绩效管理问题,对问题进行分类归总。

步骤3　原因分析

针对所出现的问题,结合影响绩效的相关要素,采用头脑风暴法进行问题原因的分析,找出症结所在。

步骤4　解决问题

根据分析的结果,对问题进行探讨和总结,有针对性地进行方案调整,规避后续问题的出现。

三、注意事项

1. 在研讨中,采用头脑风暴法,创造和谐、宽松的环境,让参与者能够深入讨论和发言。

2. 在研讨过程中,主持者要起到主导和引导的作用,把握整体节奏和成果的输出。

培训项目 3 培训教学效果评估管理

培训单元 1　审定培训教学效果评估方案

培训重点

1. 培训教学效果评估概述。
2. 审定培训教学效果评估方案的要求。
3. 培训教学效果评估方案的审定原则。
4. 培训教学效果评估方案审定的内容。

培训教学效果评估方案是对培训效果进行整体性及全面性评估的完整方案,是科学评估的操作手册。对培训教学效果评估方案的审定,就是要对方案进行全面的评价和考核,最终确保评估的科学性。

一、培训教学效果评估概述

1. 培训教学效果评估的定义和价值

培训教学效果评估是指依照培训教学方案,对培训效果进行调查、分析和评价并得出相关的结论,以期对培训工作进行持续性改进的活动。培训教学效果评估对于培训的相关方有不同的目的和价值,具体如下。

对组织者来说,培训教学工作是一项投资,需要投入必要的人力与物力,故有必要对培训的教学效果进行评估,组织者希望通过评估了解培训是否满足相关的需求,能够获得合理的回报。

对职业培训师来说，希望通过培训教学效果评估了解学员对培训工作的意见、培训直接提升了学员哪些方面的能力以及改善培训的方式。

对学员来说，希望通过培训教学效果评估了解培训是否弥补了个人能力的缺失，最终通过培训能否达到岗位的能力要求。

2. 培训教学效果评估的组织及参与者

如果组织的规模较大，就需要成立专门的项目组负责培训教学效果评估。如果组织的规模较小，可以由培训的负责人或是职业培训师负责。由于培训的参与方较多，有组织的负责人、人事部门、独立的培训部门、业务部门、培训师、培训管理人员、学员等，所以需要厘清各自的职责，具体如下。

（1）谁负责制定培训教学效果评估方案。

（2）谁负责了解情况。

（3）从谁那里了解情况。

（4）谁负责整理。

（5）谁负责通知培训教学效果评估结果。

培训教学效果评估是个培训全流程都必须介入的事项，故在不同的阶段，均需开展相关的工作：培训准备阶段需评估学员原有的能力及水平，培训实施过程需持续搜集相关信息，培训完成后需评价学员能力提升的情况、工作表现的改变情况并搜集各方意见与建议。

3. 培训教学效果评估的内容

培训教学效果评估的内容有多个方面。一是评估学员对培训计划总体的印象，包括课程内容、职业培训师的讲课水平、培训方式、总体安排等方面；二是评估学习成绩，即理论知识测试成绩、操作技能测试成绩、工作态度评价等；三是评估学员在培训结束后，在工作行为和在职表现方面的变化；四是评估培训结束后的一定时间内，企业经营状况、经济收入等方面的改变。

二、审定培训教学效果评估方案的要求

审定培训教学效果评估方案需要结合培训工作实际，一般会按以下要求和步骤实施。

1. 明确培训教学效果评估的主体、对象

审定培训教学效果评估方案首先要明确评估主体、对象及参与方，即先明确评估的是什么，如评估的是学员能力提升情况、职业培训师的教学情况、整体培

训项目的成效等。评估的主体不同，评估的目的、方式与方法也不同。所以，评估需求不同，评估方案也应不同，在审定时应注意这一点。

2. 选择培训教学效果评估的专家

审定培训教学效果评估方案要注意方案选择的评估专家是谁。评估者分为两种类型：组织内部评估专家和组织外部评估专家。如果是为了改善培训项目的效果，可以请内部评估专家进行评估。若要全面、客观且有效地评估培训的经济效益，则可以聘请部分外部评估专家，更能保证其公平性与客观性。还有一种常见情况是内、外部专家一起评估，这样可以同时将专业的内容和专业的技术相结合，目前很多单位都较为青睐这样的组合。

3. 明确培训教学效果评估的参与方

评估工作在实际操作中，可能有多方人员参与，具体包括业务管理者、高层决策者及培训管理者，这三类人员在参与评估方面各有利弊（见表3-7）在审定时要注意方案明确的评估参与方有哪些。

表3-7　不同参与方参与评估利弊对照表

	业务管理者	高层决策者	培训管理者
利好之处	1. 更能了解学员在实际工作中能力改变的情况 2. 能更好地支持培训教学效果评估工作	1. 更利于推动培训教学效果评估工作的开展 2. 更利于评估成果在现实工作中的应用	1. 具有专业的评估能力 2. 更利于持续改善培训项目
不利之处	不一定有专业的评估能力，需进一步宣讲评估方案	如果高层决策者不够专业可能会影响评估的效果	如果缺少第三方的介入，难以把握评估的客观性

4. 确定评估方案的总体思路

培训教学效果评估方案应确定评估的目标、方式及指标，同时要制订一项详细的工作计划。在审定时，这也是应注意的一个关键点。

三、培训教学效果评估方案的审定原则

审定培训教学效果评估实施方案，必须把握以下原则。

1. 目的性原则

培训教学效果评估方案应明确规定培训教学评估活动的目的。审定培训效果教学评估方案时，要审核评估方案所确定的目的是否与培训组织者的初衷相符，

评估的内容是否与教学方针、内容相符。对制定的培训教学效果评估方案要认真检查，确保评估活动的正确方向。

2. 规范性原则

培训教学效果评估方案所规定的程序、标准及方法，对所有的评估对象都应当具有统一的规定性和指导作用，从而保证评估结果的客观性和可比性。

3. 可操作性原则

培训教学效果评估方案对每个评估环节应当做出具体规定，明确操作办法，使评估工作具有可操作性。

4. 可靠性原则

培训教学效果评估结果可靠与否十分重要。培训教学效果评估方案要保证评估结果具有可靠性，不能带有较大的随意性，否则评估就会失去意义。在审定培训教学效果评估方案时，要检查方案是否贯彻了这项原则。

四、培训教学效果评估方案审定的内容

为全面审定培训教学效果评估方案，需从以下维度对评估方案进行审定，包括评估方案制定的目的、评估方案参与的人员选定、评估方案的时间安排、评估方案的评估模式及实施细节，如图3-3所示。

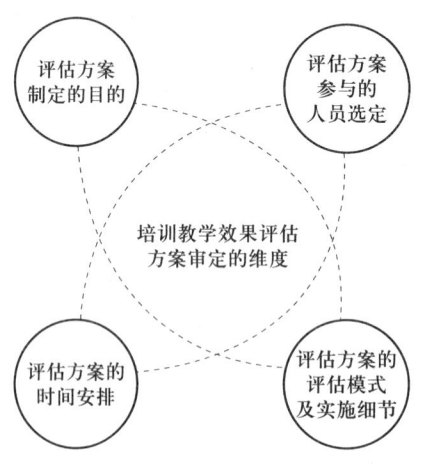

图3-3　培训教学效果评估方案审定的维度

1. 审定评估方案制定的目的

（1）了解评估是为谁进行。

（2）了解谁是本评估方案的主要汇报对象。

（3）了解谁会跟进评估结果并采取相应的行动。

确定上述要素后，就可以审定评估方案的制定目的是否明确且符合实际的需要。其目标是为了验证培训项目的作用与效果，改进培训质量，明确将来培训的需求，同时也检验参评学员的能力。

2. 审定评估方案实施的参与者

必须审核评估方案是否明确各种参与人员，并审定各参与人员是否具有相应的评估能力，如图3-4所示。

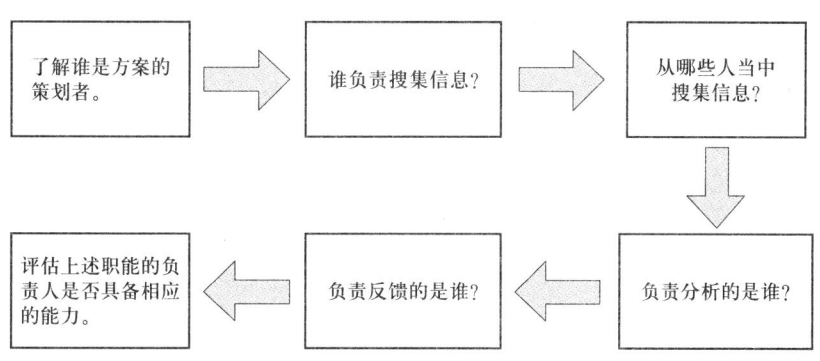

图3-4 培训教学效果评估方案实施的参与者

（1）了解谁是方案的策划者。

（2）谁负责搜集信息？

（3）从哪些人当中搜集信息？

（4）负责分析的是谁？

（5）负责反馈的是谁？

（6）评估上述职能的负责人是否具备相应的能力。

3. 审定评估方案的时间安排

（1）在审定培训前是否有检测学员原有的知识、技能及相关素质水平。

（2）在审定培训过程中是否有搜集职业培训师及学员的培训课堂表现等信息。

（3）在审定培训结束时是否有搜集学员反馈意见及学习成效等信息。

（4）在审定培训结束一定时间后是否有搜集学员行为变化等信息。

要审定在不同的培训阶段能否及时搜集相关的信息，要审定评估方案时间安排的合理性。

4. 审定评估方案的评估模式及实施细节

（1）评估方案的汇报对象为管理者。需审核评估方案涉及的培训项目的总体安排是否合理、所聘请的职业培训师性价比如何等，要使用反应评估模型，审定反应评估方案是否符合以下原则，如图3-5所示。

图3-5 反应评估模型

1）明确评估的范围。要明确评估的范围包括职业培训师的讲课水平、培训内容与工作的匹配性、培训教学的组织工作、场地设备、餐饮交通住宿等后勤保障等。

2）设计合理的评估表格。设计评估表格尽量采用客观的指标，采集客观的数据。

3）做好培训教学现场评估。为确保评估的及时性及有效性，需在培训教学的现场进行评估，确保学员能第一时间反馈最真实的情况。

4）策划好填报评估表的环节。填报评估表的环节需要鼓励学员积极参与，要让学员知道培训的目的，要在表格中设计让学员直接书写自己建议和想法的环节。要说明匿名填写意见，打消学员的顾虑，尽可能反馈学员的真实观点。

5）设计好问卷问题的形式。问卷的问题分开放性问题和封闭性问题。封闭性问题方便回答及统计，量可以大一些，开放性问题最好控制在3个以内。

6）评估问题要注重实用性。评估问题的设计要与实际工作有紧密的关系，以便将来统计出来的结果能直接应用于培训工作的改善之中。

（2）评估方案的汇报对象是职业培训师。需审核的评估方案包括评估学员的能力是否得到提升、培训满意度如何、培训后态度是否发生了相应的转变，应使用学习评估模型进行评估，审定学习评估方案是否符合以下原则。

1）选择重点、关键内容进行考核。例如，在培训的内容较多的情况下，选择一些知识类及态度类的重点、关键的内容进行考核，考核以知识类的内容为主。

2）采用多种题型进行评估。不同的题型有不同的作用，通常采用客观题加主观题的形式进行评估。

3）要有各种比较。唯有比较，才能体现培训是否有效果。具体的比较方式有两种：一是学员本身培训前后的比较；二是学员与同岗位的非学员的比较。

4）要注重评估的实用性。评估结果要给学员带来直接正面及反面的激励，促使学员更积极参与培训，提升个人能力。

培训单元 2　考核命题和评估人员培训

1. 理论知识试题命题的基本流程与方法。
2. 操作技能试题命题的基本流程与方法。
3. 培训考核命题的主要任务及注意事项。
4. 评估人员培训的内容和要求。

考核命题和评估人员培训是支撑培训教学效果评估的落地动作，评估的科学性、完整性、专业性、指标性等都需要通过这个部分完成。因此，考核命题和评估人员培训在具体的流程和方法上需要全方位、系统性的思考。

一、理论知识试题命题的基本流程与方法

理论知识试题开发涉及制定理论知识评价要素细目表、标注试题特征参数、按不同题型进行命题等工作。

1. 制定理论知识评价要素细目表

理论知识评价要素细目表是以国家职业标准为依据，分等级对国家职业标准中的"基本要求"和"工作要求"进行逐级（层）细分形成的结构化表格，是理论知识命题的基础依据。该表主要包括两个方面的内容：一是层次结构，即将理论知识评价要素按国家职业标准逐级细化后，组成具有多层次结构的表格；二是特征参数，即各层次评价要素的代码、评价比重、重要程度等参数指标。该表需按职业、分等级进行编制，即一个职业每一个等级编制一套细目表，见表 3-8。编写要求如下。

（1）确定各级评价范围。根据国家职业标准中"基本要求"和"工作要求"中相关知识要求的内容，分别确定各级评价范围。

（2）确定评价点。对最小级评价范围进行可评价性分析和深入细化，确定评价点。理论知识评价点是对最小级评价范围进行可评价性分析，在知识体系内按逻辑细化到最小不可分割且独立可评价的知识点。

表3-8 _____理论知识评价要素细目表

职业：　　　　　等级：　　　　　评价方式：理论知识　　　　　页码：

评价范围							评价点			
一级		二级		三级		评价比重	代码	名称	重要程度	试题量
代码	名称	代码	名称	代码	名称					
A	基本要求	A		A			001			
							……			
				B			001			
							……			
				……						
		……								
B	相关知识	A		A			001			
							……			
				B			001			
							……			
				……			……			
		……		……			……			

填表人：　　　填表日期：　年　月　日　　审表人：　　　审表日期：　年　月　日

2. 标注试题特征参数

根据理论知识评价要素细目表确定试题对应的评价点，标注试题特征参数。理论知识试题基本特征参数包括以下几项。

（1）层次属性。层次属性是指一道理论知识试题所对应的评价点；一般用评价点代码表示（例如，A—A—A—001）。

（2）题型。依据国家职业标准对知识技能掌握程度的不同要求，不同等级的试题题型也有所区别，分为主观题及客观题两大类。客观题主要包括选择题、判断题。主观题主要包括填空题、简答题、计算题、论述题等。

（3）难度等级。难度等级为专家在试题编写时，对试题难度所做的难易程度等级的初步评定。一般分为易、较易、中等、较难、难5个等级,分别以1、2、3、4、5表示。难度以中等(3)为宜,偏易(1)或偏难(5)的试题尽量减少。

(4)题目—目标一致性,反映一道试题所考查内容与对应评价点内容间的一致程度。通常由命题专家进行评定。一般分为差、较差、中等、良好、优秀5种水平,分别用1、2、3、4、5表示。区分度越高越好。试题特征参数样例如下。

A—B—C—001　　　　　　3　　　　　　　5
(评价点代码)　　　　(难度)　　　　(一致性代码)

3. 编写客观题

(1)编写单项选择题。单项选择题一道试题有4个备选答案,其中只有1个是正确答案,其他3个选项都是对正确选项有一定干扰性的干扰选项。

单项选择题和多项选择题题干一般采用空缺句,题中的空缺部分用"( )"表示,句尾一律用句号;备选项号码一律用英文大写字母表示;答案直接用选项字母表示。

(2)编写多项选择题。多项选择题一道试题有5个备选答案,其中有2个或2个以上是正确答案。其他选项都是对正确选项有一定干扰性的干扰选项。

(3)编写判断题。判断题题干一般采用陈述句,标准答案用"×""√"表示。

4. 编写主观题

(1)简答题、计算题、绘图题编写要求。该类题目考核内容以一个评价点为核心,涉及2~3个评价点。需解答的内容较为简短、确切,计算步骤、绘制图形不很复杂。

(2)综合题、论述题编写要求。该类题目考核内容较广泛,一般涉及多个评价点,是考核的重点、命题的难点。应结合实际,以考核技能和知识的综合运用能力、综合分析判断能力和解决实际问题的能力等为重点。论述题的答案应该是答题要点。原则上列出要点可以给分,附加论点再给分。

(3)简答题、计算题、绘图题和综合题、论述题评分标准样例。

由于简答题、计算题、绘图题和综合题、论述题的考核内容涉及多个评价点,因此,部分考核内容配分权重可以参照国家职业标准权重表。评分标准样例如下。

题目:简述梦幻妆的特点。(本题满分5分)

答题要点及评分标准:

A.对模特的全身描画,主题突出,妆形如梦如幻。(2分)

B. 梦幻妆的服装、道具、配饰、发型为主题服务，完全改变模特原来的形象。（2分）

C. 表现方法奇特，用色不拘泥于模式，常用于艺术欣赏、艺术类活动和化妆比赛。（1分）

5. 理论知识试题结构要求

试卷之间的结构要求：试卷要在考评的水平、层次、分布和难度规则上保持一致；在题型、体量上保持一致；在考评的具体内容上保持内在一致（相同的评价点占20%~30%）；试卷间相同的试题不超过总分的20%。

传统试卷组成模式：总题量为54/55题目，表3-9为评价试卷题量与配分的一般要求形式。

表3-9 传统理论知识试卷的题量与配分方案

题型	题量			配分	
	初级工	中级工	高级工及以上	初、中级工	高级工及以上
填空	10题			20分	
选择	20题			40分	30分
判断	20题			20分	
简答/计算	4题			20分	
论述	无		1题	0	10分
总计	54/55题			100分	

二、操作技能试题命题的基本流程与方法

操作技能试题的开发主要包括编写操作技能评价要素细目表、编写操作技能评价点及编写技能试题。

1. 编写操作技能评价要素细目表

操作技能评价要素细目表是依据国家职业标准确定的本职业各等级的考核范围结构，将评价范围由大到小逐级细分至评价点（可以用统一标准独立测量和考核的系列操作活动），将这些评价点罗列出来并标注代码、评价比重、重要程度、试题量等参数，见表3-10。

表 3-10 ＿＿＿＿操作技能评价要素细目表

职业：　　　　等级：　　　　评价方式：操作技能　　　　页码：

评价范围						评价点				
一级		二级								
代码	名称	代码	名称	评价比重	选考方式	代码	名称	重要程度	试题量	考试时间
A		A				001	细化操作1			
						002	细化操作2			
						……	……			
		B				001	……			
						……	……			
		……				001	……			
						……	……			
B		A				001	……			
						……	……			
		B								

填表人：　　　填表日期：　　年　月　日　　审表人：　　　审表日期：　　年　月　日

2. 编写操作技能评价点

编写操作技能评价点是一个标准化的过程，需确定每个评价点的考核要求和统一的配分与评分标准，由此将每个操作技能可评价范围转化为评价考核中所用的测量模块。

（1）评价点的内容及编写要求

1）评价点的名称。简单、明确地表述该项操作活动的名称。

2）考核要求。本评价点的具体操作要求和技术标准，主要说明本评价点操作时应达到的结果要求或技术标准。

3）配分与评分标准。其指本评价点统一的配分与评分标准，一般以评分记录表的方式体现。它适用于本评价点下的所有试题。

4）其他说明。本评价点在选择或编制具体试题时需要考虑的如材料、成本、时间、地域差别等其他因素说明。

（2）评价点编写样例

评价点名称：×××操作。

考核要求：考生按照正确的×××方法在规定时间内完成×××操作，配分与评分标准见表 3-11。

表 3-11　配分与评分标准

序号	考核内容	考核要求	配分	评分标准	扣分	得分
1	×××操作之一					
2	×××操作之二					
	合计					
	否定项：若考生有下列情况之一的，该试题成绩记为零分。……					

评分人：　　　年　月　日　　　　　核分人：　　　年　月　日

3. 编写操作技能试题

操作技能试题的编写就是按照评价的总体要求及规定的模式编写出用于考核的具体试题，包括3个内容。

（1）准备要求。完成本试题要求的操作所需要准备的前提条件，一般分为考场准备和考生准备两部分。具体包括试题名称（视情况决定是否给出，以不泄露试题内容为原则）、考核有关说明和场地、材料、工量具、设备及相应的其他准备条件。

（2）考核要求。主要包括本题分值、考核时间、考核形式、具体考核要求和否定项说明。具体考核要求一般是评价点统一考核要求的细化。

（3）配分与评分标准。一般采用评价点统一的配分与评分标准。

4. 操作技能试题样例

评价点：×××操作。

试题：×××操作之×××。

（1）设备、设施准备（见表3-12）。

表 3-12　设备、设施准备

序号	名称	规格	单位	数量	备注
1	设备、工具或耗材1				
……	……				

（2）考核要求

1）本题分值：××分。

2）考核时间：××min。

3）考核形式：实操。

4）具体考核要求：根据×××方法进行×××操作。

5）否定项说明：若考生有下列情况之一的，如：××××××，则应及时终止其考试，考生该试题成绩记为零分。

（3）配分与评分标准。参见评价点的配分与评分标准。

三、培训考核命题的主要任务及注意事项

培训考核命题的主要任务包括理论知识试题开发与操作技能试题开发。

理论知识试题是对学员的理论知识进行考评的试题，分客观题和主观题两大类。客观题主要包括选择题、判断题。主观题主要包括简答题、计算题、绘图题、综合题和论述题等。

操作技能试题是以考评学员的操作技能水平为目的制定考评的要求，以操作技能可测量要素为内容定出评分标准，制定相关的考评试题。

四、评估人员培训的内容和要求

评估人员需要熟悉相关的试题开发规程，培训内容包括以下4个方面。

1. 详细讲解试题开发规程，重点讲解案例分析。
2. 受训的评估人员试编写理论及技能各种试题。
3. 职业培训师对受训评估人员试编写的试题进行点评，指出存在的问题。
4. 受训评估人员正式进行试题编写。

职业培训师要完整、详细地讲解试题开发的规程，指导受训人员严格按试题开发规程进行试题的编写，关键在于把握试题开发的原则，及时指出试编写存在的问题并提出整改的方法，直至受训人员编写出合格的各种类型的试题。

培训单元3　审定培训教学效果评估报告

培训重点

1. 培训教学效果评估报告的撰写方法。
2. 审定培训教学效果评估报告的原则及注意事项。

3. 促进培训成果转化的意义及转化因素。

4. 促进培训成果转化的措施及注意事项。

一、培训教学效果评估报告的撰写

1. 培训教学效果评估报告的撰写要求和步骤

（1）撰写培训教学效果评估报告的要求，主要包括结果具有代表性、证明培训的价值、综观培训整体效果、注意文字的表述规范等。

（2）撰写培训教学效果评估报告的步骤包括撰写导言、撰写实施过程概述、阐明评估结果、解释评估结果并提供参考意见、撰写原始数据和图表等附录、撰写报告提要。

2. 培训教学效果评估报告的撰写方法

写出培训教学效果评估报告的题目（包括培训内容和期数）。首先开篇是导言，说明实施的背景，介绍评估目的和评估性质，其次必须说明此次评估方案实施以前是否有过类似的评估。

（1）概括评估实施的过程。评估实施过程是培训教学效果评估报告的方法论部分，要交代清楚实施的方法以及依据。

（2）阐明评估结果。结果部分与方法论部分是密切相关的，必须保证两者的因果关系，不能牵强附会。

（3）解释、评论评估结果和提供参考意见。此部分涉及范围广泛，为了满足多方面的需求，可以尽量做到详细。

（4）对培训结果进行分析，结尾的时候不能忘了附录和报告提要。提要是对报告要点的概括，是为了帮助读者迅速掌握报告要点而写的，要求简明扼要。

二、审定培训教学效果评估报告的原则及注意事项

要做好审定培训教学效果评估报告工作，需要非常熟悉常规的培训教学效果评估报告撰写的原则及内容框架，同时全面掌握培训教学项目的需求与目的。

1. 审定原则与主要内容

（1）审定导言内容。主要审定该部分是否清晰地介绍了培训项目实施的背景、评估的目的、分析的问题、期待获得哪些结论及信息。

（2）审定评估实施过程的内容。主要审定该部分内容是否包括评估方式、工

具的选择、评估过程及实施步骤,要关注评估的方式及工具的选择是否合理。

(3)审定评估结果的内容。主要审定结果的表述是否全面、客观和准确。审核数据内容的表述方式是否清晰、明了,尽量以图表的形式表述数据。

(4)审定分析与建议的内容。主要审定该部分内容有没有紧紧围绕培训的目的,梳理问题、分析原因、总结经验、提出改进培训工作的建议。

(5)审定附录的内容。主要审定培训教学效果评估报告的附件是否齐全,包括但不限于评估方案、调查问卷、访谈提纲、参考文献、数据分析软件版本等。

2. 注意事项

(1)评估者必须综观培训的整体效果,要注意报告的文字表述是否规范,当评估方案持续1年以上时间时,评估者需要做中期评估报告。

(2)培训教学效果评估报告涉及的受训学员必须有一定的代表性,必须保证他们能代表整个受训者群体回答评估者提出的问题,避免因调查样本缺少代表性而做出不充分的归纳。

(3)培训教学效果评估报告必须全面、系统反映培训的整体效果,重点审核培训的效果是否符合培训项目设立的初衷。

(4)评估者必须以积极、成熟的方式论述培训结果,避免打击有关培训人员的积极性。必须根据培训教学效果评估报告的撰写原则进行审定,对培训教学效果评估报告的每一方面的内容均应严格把关,确保培训教学效果评估报告发挥应有的作用。

(5)审定培训教学效果评估报告要注重审核报告的全面性、系统性、客观性、逻辑性,同时要兼顾培训的短期效果及长期影响。

(6)审定后的培训教学效果评估报告,可以截取其不同的相关内容及时发送有关培训部门、参与部门、职业培训师、学员及有关工作人员等,以便成果更好地转化,使培训效果不断提升。

三、促进培训成果转化

1. 理解培训成果转化的意义

培训成果转化是指"学以致用、学以致变",把培训中所学到的知识、技能、行为模式等内容有效地运用到实际工作中去,以提高工作绩效。培训成果转化是实现培训终极目的的决定因素。

注重学员培训成果转化，把培训成果转化纳入培训管理体系，对增强培训工作的生命力，体现培训的真正价值，促进学员工作绩效的提升，具有非常重要的现实意义。

2. 了解影响培训成果转化的因素

培训成果转化是为了让培训产生真正的价值，这也是具有挑战性的课题。作为职业培训师，要了解这些因素，采取有效的方式发挥这些因素的积极作用。

影响成果转化的因素主要有以下3个方面。

（1）学员的个体特征。学员的个体特征，如控制力、自我效能感、个人动机、个人能力等方面对培训成果转化具有一定的影响作用。

在培训情景下，认为自己能够控制组织结果（认可、提升、加薪、工作扩展等）的学员更容易把培训中所学应用到工作中去。

自我效能感越强的学员对取得预期绩效越充满高度自信，在实际工作中应用培训中所学到的知识、技能和态度的可能性就越大。

学员培训前越具有足够的强烈动机，他们在掌握培训内容和培训成果转化方面的积极性就会越高。

（2）环境因素。影响培训成果转化的环境因素主要是组织支持的环境。组织支持是指让受训者相信当他们把培训中所学应用到实际工作场景中时，组织系统能够向其提供应用的机会。良好的组织支持环境，包括技术设备的支持、实践的机会、良好的文化环境、领导者的支持等。

（3）教学设计。根据等同因素理论，培训可以通过改进与实际情境相对应的刺激、反应和条件等因素的程度增强培训效果。培训应该关注解决问题的一般原理，这样他们就会在迁移环境中应用这些原理解决问题。

3. 促进培训成果转化的措施和做法

（1）完善成果转化机制。职业培训师要及时掌握新技术在企业发展中的运用，关注学员在工作领域中取得的成果，介绍新技术、新成果，鼓励学员自觉学习并运用新知识，提高工作效率。

（2）提高学员自我管理能力。学员作为培训成果转化的行使者，其自我管理能力对成果转化具有直接影响作用。学员要把培训中所学到的知识、技能和行为模式运用到实际工作中，必须具有一定的自我管理能力。

（3）建立学习型组织。围绕公司确定的发展战略目标以及工作岗位要求，建立健全以知识管理为基础，以企业发展为导向的学习体系，努力营造"终身学习、知识共享"的学习氛围,逐步把"工作学习化、学习工作化"理念贯穿于企业各项工作中,采取多样的培训文化宣导方式,营造学习型企业文化。

(4)完善培训评估机制。职业培训师可以根据培训情况,及时向领导反馈以制定相应的评估方法和标准,明确责任落实工作。

(5)完善培训结构,实现职业培训和发展培训并行。由于学员的岗位种类和工作层次不同,所需掌握和使用的技能随之也不同,因而必须有侧重地进行培训。

(6)加强对培训工作的重视程度。领导及负责部门对培训的支持力度和态度是能否顺利开展各项培训的关键。有效的培训目标应是企业战略目标和培训对象职业生涯发展目标的良好融合,只有当培训目标同时满足企业和培训对象的发展目标,才能发挥培训工作的最大价值与效用。

此外,对于某个具体的培训项目,也可以采取以下方式促进学习成果转化。一是召开培训评估工作总结会。邀请相关领导、培训项目负责人、职业培训师、培训相关工作人员、学员等参加。二是有针对性地沟通培训教学效果评估报告。向领导汇报培训教学效果评估报告所反馈的积极成效,同时也请领导对培训工作提出进一步的改善意见;向职业培训师反馈学员对培训内容、培训方式、考核结果等方面的意见,提升培训水平;向培训相关工作人员反馈学员等参与培训人员对整体培训工作的满意度及改进意见,以期持续改进培训工作;向学员反馈培训考核成绩,促进学员学以致用,应用培训所学到的技能,不断提升工作成效与业绩。

4. 促进培训成果转化的注意事项

培训成果转化是一个系统的工程,培训需求分析、培训目标的确立、培训计划的制订等环节都会影响培训成果的转化。在实际工作中,要把握好每一个环节,积极探索培训成果转化的有效方法,使得培训更有效。

同时,要针对不同的对象进行反馈并跟进培训成果的转化,要做好持续跟进工作,促使领导更支持、关注培训工作、管理者持续提升培训工作总体成效、职业培训师不断提升培训质量、学员不断提升工作技能。

此外,还应注意以下两项原则:一是要尊重评估对象的知情权和隐私权,用恰当的方式将评估结果反馈给当事人;二是既要重视评估结果,又不能把评估结果作为衡量评估对象培训成果的唯一标准。

审定培训教学效果评估报告

一、操作准备

1. 熟悉常规的培训教学效果评估报告撰写的原则及内容框架。
2. 全面掌握培训教学项目的需求与目的。

二、操作步骤

步骤1　概括评估实施的过程

评估实施过程是培训教学效果评估报告的方法论部分，要交代清楚实施的方法以及依据。

步骤2　阐明评估结果

结果部分与方法论部分是密切相关的，必须保证两者的因果关系，不能牵强附会。

步骤3　解释、评论评估结果和提供参考意见

涉及范围广泛，为了满足多方面的需求，应尽量做到详细。

步骤4　对培训结果进行分析，在结尾不能忘了附录和报告提要

提要是对报告要点的概括，是为了帮助读者迅速掌握报告要点而写的，要求简明扼要。

三、注意事项

1. 评估者必须综观培训的整体效果，要注意报告的文字表述与包装，当评估方案持续1年以上时间时，评估者需要做中期评估报告。

2. 培训教学效果评估报告涉及的受训学员必须有一定的代表性，必须保证他们能代表整个受训者群体回答评估者提出的问题，避免因调查样本缺少代表性而做出不充分的归纳。

3. 培训教学效果评估报告必须全面、系统反映培训的整体效果，重点审核培训的效果是否符合培训项目设立的初衷。

4. 评估者必须以积极、成熟的方式论述培训结果，避免打击有关培训人员的积极性。必须根据培训教学效果评估报告的撰写原则进行审定，对培训教学效果评估报告的每一方面的内容均应严格把关,确保培训教学效果评估报告发挥应有的作用。

5. 审定培训教学效果评估报告要注重审核报告的全面性、系统性、客观性、逻辑性,同时要兼顾培训的短期效果及长期影响。

培训模块 ④
培训咨询服务

培训项目 1

职业培训政策指导

培训单元1　职业培训机构的发展定位指导

1. 产业发展对职业培训的影响。
2. 职业培训政策法规对职业培训的影响。
3. 职业培训机构的发展定位。

在指导职业培训机构的发展定位时,要让其充分理解产业发展、职业培训政策法规对职业培训的影响,指导其了解职业培训机构的定位内容,以利于其结合政策做出适合本机构的发展定位。

一、产业发展对职业培训的影响

产业发展是指产业的产生、成长和进化过程,既包括单个产业的进化过程,又包括产业总体,即整个国民经济的进化过程。进化过程既包括某一产业中企业数量、产品或者服务产量等数量上的变化,也包括产业结构的调整、变化、更替和产业主导位置等质量上的变化。

1. 产业结构升级

产业结构升级是社会发展的产物,其决定了人力资本需求结构,反映了社会分工和各种生产在时间和空间上的配置,并要求人力资本供给方提供与之匹配的人力资本类型。三次产业结构升级对人力资本结构产生了巨大影响,特别是对技术、技能型人才的类型、数量、质量提出了革命性要求。产业结构升级是职业培训产生、发展与壮大的前提。

在第一次产业升级过程中，许多工业国家以颁布法律、法规的形式确立了职业教育（包括职业学校教育和职业培训）的地位并保障职业教育的发展，出现了学校教育形式，职业教育专业设置方向以纺织业、冶金工业和采煤业为主导方向。在第二次产业升级过程中，出现了电机电器、精细化工、通信、汽车、飞机制造等新兴产业，产业结构高度化发展，工作复杂性日益提高，员工需要掌握更加复杂的技能以胜任工作，职业培训必然要随着产业结构的高度化发展向更高层次发展，其专业结构与产业结构逐渐协调，专业分类分层越来越科学。第三次产业升级出现了与现代制造业相伴而生的现代服务业以及现代知识型服务业。目前，第三产业在我国国民经济总产值中的比重已经超过第一产业、第二产业，就业人数庞大，对技术、技能人才的要求不断提高，职业培训必须通过调整、优化专业结构体系，培养适应现代服务业的不同类型的人才，使人才满足产业结构升级的需要，才能形成技术型人力资源的有效配置。

伴随着产业结构的升级，我国对新一代信息技术、新材料等技术密集型领域的人才需求不断加大；而如批发零售业、制造业、建筑业等附加值低的劳动密集型行业增速放缓，劳动力供给过剩，行业从业者面临失业的压力，急需提升职业技能。

2. 产业集群

产业集群的形成，往往先是区域内主导产业在某一点上的集中，进而围绕着主导产业，许多相关产业在区域内发展，形成一个以主导产业为中心的产业体系。规范地讲，是指大量相同或相关企业按照一定的经济联系集中在特定的地域范围内，形成一个类似生物有机体系统的产业群落。产业集群内相关产业的发展会对该地区应用技能型人才的数量和质量提出更高、更多的要求，同时会促进该地区职业培训行业的发展。

产业集群会导致区域技能型人才的需求快速膨胀，企业与职业院校、职业培训机构的互动必然发生。职业院校和职业培训机构的专业结构、教学质量、师资能力必须根据企业的要求调整、优化。这种良性互动，使得职业学校和职业培训机构既可以向产业集群地区的企业提供大量优质的应用型技能人才，又可以为当地企业员工提供培训，满足企业对技术人才的需求；反过来，通过为区域提供职业教育和技术人才服务，有利于打造新型职业培训聚集地、职业技术人才集散地和职业教育核心地带。

二、职业培训政策法规对职业培训的影响

1. 职业培训的法律地位得以确立

2019年国务院印发《国家职业教育改革实施方案》，提出了一系列新的政策举措，职业教育进入新的发展时期。自2022年5月1日起开始施行的《中华人民共和国职业教育法》（以下简称《职业教育法》），明确了职业教育包括职业学校教育和职业培训。为职业教育培训的存在和发展确立了法律依据，确定了职业教育培训的法律地位，也为职业教育培训的健康发展提供了规范和遵循。《职业教育法》还明确提出要培养高素质技术技能人才，这对于职业培训机构来说也是一个重要导向。

2. 行业向规范化发展

《中华人民共和国劳动法》规定："国家确定职业分类，对规定的职业制定职业技能标准，实行职业资格证书制度，由经备案的考核鉴定机构负责对劳动者实施职业技能考核鉴定。"人力资源社会保障部（以下简称人社部）于2017年9月印发《关于公布国家职业资格目录的通知》，公布国家职业资格目录。国家按照规定的条件和程序将职业资格纳入《国家职业资格目录》，实行清单式管理。目录之外一律不得许可和认定职业资格，目录之内除准入类职业资格外一律不得与就业创业挂钩。2021年，人社部会同国务院有关部门对《国家职业资格目录》进行优化调整，形成了《国家职业资格目录（2021年版）》。行业向规范化发展，目录内证书的含金量和认可度进一步提升。

3. 评价权向社会主体下放

《国家职业教育改革实施方案》提出，要做优职业教育培训评价组织。要打造一批优秀职业教育培训评价组织，发挥其在职业培训中的作用，同时要求培训评价组织对接国家职业标准，与国际先进标准接轨，按有关规定开发职业技能等级标准，负责实施职业技能考核、评价和证书发放。以社会化机制公开招募并择优遴选培训评价组织，优先从具有专家、师资团队、资金实力和5年以上优秀培训业绩的机构中选择。

4. 职业培训补贴促进参培率提升

《"十四五"职业技能培训规划》中指出：2021—2025年要开展补贴性职业技能培训7 500万人次以上，其中农民工参加职业技能培训3 000万人次以上；新增取得职业资格证书或职业技能等级证书4 000万人次以上，其中新增取得高级工及

以上职业资格证书或职业技能等级证书的高技能人才 800 万人次以上；新增公共实训基地 200 个。此外，各地方政府也结合自身情况推出了诸多与职业资格或职业技能等级相关的补贴及落户政策，将促进职业培训参培率的提升。

三、职业培训机构的发展定位

《中华人民共和国劳动法》强调各级人民政府应当把发展职业培训纳入社会经济发展规划，鼓励和支持有条件的企业、事业单位、社会团体和个人进行各种形式的职业培训。职业培训机构在国家政策的指导下蓬勃发展，职业培训师在指导职业培训机构的发展定位时，要充分理解国家政策，并结合自身资源，对职业培训机构进行准确的使命定位、功能定位和品牌定位。

1. 使命定位

《职业教育法》规定，职业教育的目的是"提高劳动者素质和技术技能水平，促进就业创业，建设教育强国、人力资源强国和技能型社会，推进社会主义现代化建设"。职业培训机构的使命定位应该是服务国家和区域的产业政策战略，协调培训资源，助力培训学员技能成长，为国家和企业提供合格的人才。

2. 功能定位

《职业教育法》对职业教育的定义是"为了培养高素质技术技能人才，使受教育者具备从事某种职业或者实现职业发展所需要的职业道德、科学文化与专业知识、技术技能等职业综合素质和行动能力而实施的教育，包括职业学校教育和职业培训"。培养高素质技术技能人才的职业教育通过职业学校教育和职业培训实施。职业学校教育和职业培训并举，有助于劳动者通过不同形式和不同阶段的职业教育提升自己的素质和技术技能。职业培训包括就业前培训、在职培训、再就业培训及其他职业性培训。

3. 品牌定位

品牌定位是指职业培训机构在市场定位和产品定位的基础上，对特定的品牌在文化取向及个性差异上的商业性决策，它是建立一个与目标市场有关的品牌形象的过程和结果。职业培训机构的品牌定位，就是通过分析市场中现有培训产品的定位状况，发掘新的具有鲜明特色的培训产品，并在市场上找到自己合适的位置，打造自身的品牌。随着职业培训机构品牌定位的建立与加强，培训品牌将在培训对象心中代表具有独特价值的培训产品，有不可替代的购买价值。最终，培训对象将该品牌视为某类别或某特性培训产品的代表性品牌，从而使职业培训机构在该职业培训领域形成优势。

职业培训机构发展定位设想

一、操作准备
1. 准备国家有关部门制定的相关工作标准、规范。
2. 通过观察、记录分析、跟踪等手段从企业内部获得有关工作的一手资料。

二、操作步骤
步骤1 调研阶段

职业培训机构应成立战略规划领导小组和工作小组，制定起草发展规划工作方案，经过项目启动、文献调研、问卷调查、现场访谈等内部和外部的各项调研工作，动员员工全员参与规划工作，广泛征求各方面意见，对外部环境、内部基础能力、机构教研水平、教学能力、发展能力等进行全方位调研与总结。同时对面临的机遇、挑战和困难、问题，进行深入、客观的分析，依据调研情况撰写发展战略调研报告。

步骤2 依据调研信息分析与诊断

在发展战略分析与诊断中，要运用专业工具，利用SWOT分析法（优势strengths、劣势weaknesses、机会opportunities、威胁threats）进行缜密分析，定性、定量相结合，对未来的发展战略做出正确的抉择。发展战略分析与诊断包括3部分内容，即外部环境综合评价、内部因素综合评价、市场机会与威胁。其中在外部环境综合评价中，要对职业培训机构外部环境，即政治法律、经济、社会文化、技术及行业竞争态势进行调查分析，将这些外部环境信息进行归纳、整理，找出影响职业培训机构发展的机会与威胁的外部关键因素。再选择职业培训机构管理干部和骨干培训师若干名，对这些关键因素进行评价。

步骤3 强调落地，细化战略规划，形成推进行动计划

职业培训机构在充分调研、战略分析与诊断的基础上，进行发展战略定位，确立使命、愿景、发展目标，选择合适的战略，发展战略规划是原则性和纲领性的，要付诸实施必须具体展开。先从发展定位到形成各项事业发展战略规划，再

将各项事业发展战略规划细化为具体的行动计划。

三、注意事项

1. 应注重培训机构的抗风险能力，在进行培训项目开发时，对于产业急需紧缺职业和新职业项目，应加大研发投入力度进行长线投资。

2. 培训机构应注重自身培训教学管理、财务管理和考核认证管理等相关工作。防止财务上的冒进，通过制度建设，确保培训教学、考核规范有序，提高机构的社会信誉度，提升社会和企业对培训机构的认可度。

3. 培训机构应注重与企业、学校方面的合作，以提供更好的职业培训解决方案。

培训单元2　开发职业培训项目的政策指导

1. 开发职业培训项目的必要性。
2. 开发职业培训项目应遵循的原则。
3. 开发职业培训项目的流程及方法。

一、开发职业培训项目的必要性

职业培训项目开发就是通过调研、设计、执行和评估等诸多环节，将客户潜在的和显现的职业培训需求形成一个培训项目行为主体，既满足客户当前需要，又满足其潜在需要的过程。在指导开发职业培训项目时，要让其充分了解产业结构升级对人才结构提出新的要求，充分了解企业转型发展对人力资源提出新的需求，充分了解促进灵活就业对人员技能提出的新需求。

1. 国家政策推动职业培训发展

共同富裕取得更为明显的实质性进展，成为《中华人民共和国国民经济和社会发展第十四个五年规划和2035年远景目标纲要》（以下简称《"十四五"规则和2035年远景目标纲要》）一个重要目标。《"十四五"规划和2035年远景目标纲要》

提出大力培养技术技能人才,健全终身技能培训制度,持续大规模开展职业技能培训,广泛开展新业态新模式从业人员技能培训,支持和规范发展新就业形态。新职业、新就业将成为人力资源开发和充分就业的重要渠道。

2. 产业结构升级对人才结构提出新的要求

产业结构升级对人力资本结构产生的巨大影响,特别是对技术、技能型人才的类型、数量、质量提出了革命性要求。

当前,我国经济已由高速增长阶段转向高质量发展阶段,这对劳动者的科学文化素质和能力水平提出了新的要求。近几年,随着人工智能、物联网、大数据和云计算的广泛运用,与此相关的高新技术产业成为我国经济新的增长点,高新技术产业对从业人员的需求大幅增长,形成了相对稳定的从业人群。

3. 企业的转型发展对人力资源提出新的需求

《中华人民共和国劳动法》规定用人单位应当建立职业培训制度,按照国家规定提取和使用职业培训经费,根据本单位实际,有计划地对劳动者进行职业培训。我国的人才市场,正在从以劳动力为核心的低端市场向以知识型人力资源为核心的人力资本市场迁移,这就是中国企业正在面对的人力资本红利,也是中国企业新的竞争机会所在。随着生产力的进步,市场逐渐饱和,越来越多的产品从供不应求变为供大于求。因此,企业需要加大技术创新与高质量人才投入,制订创新人才与顶尖人才特殊培养、引进、发展计划,加速高质量人才梯队建设,提升人才量级与人才价值创造能量。

4. 促进灵活就业对人员技能提出新的需求

在线新经济的蓬勃发展释放了大量职业需求,基于互联网平台的非标准就业等灵活就业形态越来越普遍。稳就业、保就业是实现共同富裕的根本,《"十四五"规划和2035年远景目标纲要》中明确提出要实施就业优先战略,建立多渠道灵活就业机制,扩大就业容量。

此前,《国务院办公厅关于支持多渠道灵活就业的意见》也在灵活就业发展渠道与就业保障等方面提出诸多支持意见,未来将通过增加非全日制就业机会、创造更多灵活就业岗位等手段吸纳更多劳动者就业。同时,加大对灵活就业的保障支持,开展针对性培训,灵活就业岗位供求信息也将被纳入公共就业服务范围,通过为灵活就业人员提供规范、有序的专业化人力资源服务、按规定落实职业培训补贴和培训期间生活费补贴等方式加大对灵活就业的保障支持,促进劳动者就业增收。

短视频带货、直播带货、在线接单修图等时间自由、收入更高的灵活就业，正在成为年轻人的就业新选择。要就业先学习，灵活就业潮也带热了职业技能培训。在线职业技能培训正在帮助更多人实现灵活就业。

 **相关链接**

新职业与培训项目开发

新职业是指经济社会发展中已经存在一定规模的从业人员，具有相对独立成熟的职业技能，《中华人民共和国职业分类大典》中未收录的职业。自2004年劳动和社会保障部建立新职业定期发布制度后，"新职业"一词作为概念被确定下来。

新职业不仅体现为新的职业内涵，还表现在就业形式、雇佣关系等的"新"。从就业形势看，很多新兴职业不再是单一的全职全日制，取而代之的是灵活的就业形式，据统计，2020年我国灵活就业从业人员规模已达2亿左右。从雇佣关系看，伴随共享经济、"互联网+"等新经济形态的日益壮大，传统的雇佣模式已逐渐被打破，非标准就业的零工经济模式和平等的合作式关系孕育而生。

新职业主要是采取向社会公开征集方式，经过专家评估论证、公示征求意见，按程序遴选确定，并向社会公布。新职业的发布对于引领产业发展、促进就业创业、提高职业教育培训针对性和有效性等具有重要的意义。随着我国经济结构调整和人才需求变化，未来会涌现出更多的新职业类型。

二、开发职业培训项目应遵循的原则

在指导开发职业培训项目时，应对政策进行充分了解。新项目应符合国家产业政策原则，遵循市场导向性原则、效益原则和针对性原则，能充分利用好培训机构自身的优势。

1. 符合国家产业政策原则

在选择职业培训项目时，应了解国家相关的产业政策、熟悉国家区域鼓励和支持的产业有哪些，了解产业升级和产业转移对本区域的影响。在此基础上选择本地产业政策鼓励、支持，并有良好发展前景的职业培训项目，以服务区域和国家的经济发展为出发点和落脚点，提升本地劳动者的职业技能水平。

2. 市场导向性原则

在选择职业培训项目时，应以满足市场需求为前提，发展需求量大、前景广阔的新职业项目，应对市场需求状况做详细、认真的了解。要了解市场需要的职业，需要多少人员，谁来购买培训机构提供的产品或服务，竞争对手有哪些，通过市场调研获得市场需求状况信息是选择适当的职业培训项目的重要前提。

开发培训项目必须具有较强的市场化和区域性视野，在众多的培训信息中，能够及时识别培训资源。

小贴士

新版职业分类大典净增158个新职业

人力资源社会保障部于2022年9月27日正式发布《中华人民共和国职业分类大典（2022年版）》（以下简称2022年版《大典》）。

2022年版《大典》适应当前职业领域的新变化，能够更好满足优化人力资源开发管理、促进就业创业、推动国民经济结构调整和产业转型升级等需要，对于经济社会各领域都具有重要价值。

国家职业分类大典修订专家介绍，近几年来，我国陆续颁布了74个新职业，均被纳入2022年版《大典》。同时，围绕制造强国、数字中国、绿色经济、依法治国、乡村振兴等国家重点战略，将工业机器人操作员和运维人员、农业数字化技术员和农业经理人等也纳入2022年版《大典》。经调整，与2015年版《大典》相比，在保持8个大类不变的情况下，2022年版《大典》净增158个新职业，职业数达1639个。

2022年版《大典》首次标识了97个数字职业，占职业总数的6%。同时，延续2015年版《大典》对绿色职业标注的做法，标注134个绿色职业，占职业总数的8%。其中既是数字职业也是绿色职业的，共有23个。

3. 效益原则

在对职业培训项目进行选择时，要充分考虑职业培训项目的经济效益、社会效益。在对职业培训项目进行遴选时，应认真计算、权衡职业培训项目的投入和产出。对职业培训项目的经济效益进行计算、分析和评价。同时，也要对职业培训项目的社会效益进行评估，选择为社会带来良好影响的职业项目，提高培训机构的知名度，建立良好的企业形象，尽到企业应尽的责任。

4. 针对性原则

培训项目开发的针对性是培训有效性的基础。培训项目开发的针对性，重在把握好两个方面。

一是从培训对象看，注意把握培训对象的个性化。就是同一个群体，如大学生也有个体的差异性。这些差异不仅决定了培训项目内容的不同，也决定了培训形式和方法的不同。

二是从就业岗位角度看，要把握好培训需求的个性化。不同的岗位有不同的就业标准，特别是不同的岗位有不同的能力需求标准。就业需求导向决定项目开发的方向和项目的课程内容。好的培训项目，突出的特点就是就业导向性和岗位操作技能性强。

5. 利用自身优势的原则

利用自身的市场优势，例如，对某一领域或某一行业比较熟悉。对于培训机构来说，应选择自身长期经营的相关行业和产业的职业培训项目进行开发。

三、开发职业培训项目的流程及方法

在指导开发职业培训项目时，必须以职业工作岗位、培训标准和培训对象3个方面为出发点，将分析、设计、开发和实施4个环节贯穿整个培训项目设计开发的全过程。

在设计、开发职业培训项目时，应确保职业培训项目源自工作岗位、符合制定的培训标准，同时需要适合培训对象的学习风格，其中包括4个环节。

1. 分析

职业培训师根据培训标准和培训大纲的要求，在分析培训对象的基础上，制定相应的培训项目，以便于开展培训活动，增强培训效果。设计、开发培训项目的第一步就是要对培训标准和培训大纲的要求进行分析，包括确定项目主题、描述项目要求和选择操作工具3个方面。

2. 设计

设计环节以前期分析为基础，确定培训项目整体工作流程、划分工作任务和设计考核形式，保证整个培训项目的设计与开发能够按部就班地执行，不偏离工作内容。培训师根据项目要求设计整个项目工作的流程，保证项目顺利完成；根据项目覆盖的工作技能的难易程度，将项目划分成多个工作任务，任务的大小取决于技能的难易程度和单个任务内容的完整性。对培训对象实践经验的考核是培训项目的必备环节，以便考核培训对象完成整个培训项目。

3. 开发

开发环节是对分析和设计的实现，验证构思和设计环节的节点要素能否满足培训标准和培训大纲的要求，包括确定关键步骤、提供指导建议和开发培训资源。培训师要开发项目的关键步骤，减少工作难度，保证培训对象在完成项目的过程中不偏离培训标准和培训大纲，达到培训的质量要求。

4. 实施

职业培训师设计、开发的培训项目需要对其实施，实施注重于告知职业培训师如何使用培训项目进行培训，学员如何完成培训项目，以及如何考核培训对象在学科知识、个人技能以及产品特性、服务内容等方面掌握的熟练程度。以工作为中心的实施是与培训对象学习效果相结合的，从多种维度提高培训对象在工作过程中的学习效果，包括绘制培训手册、提供学习指南和给予绩效支持等。

培训单元 3　制定职业培训规划的指导

1. 企事业单位职业培训规划制定的背景和路径指导。
2. 职业培训规划实施方案的指导思想和基本原则。
3. 职业培训规划实施方案的目标和主要任务。
4. 职业培训规划实施方案的重点内容和保障措施。

一、企事业单位职业培训规划的制定

职业培训规划一般是指用人单位对职业环境、职业培训政策进行分析、预测，结合自身的发展战略和目标任务，提出的职业培训的目标和措施，包括职业培训的宏观规划和具体实施方案、计划等。

1. 职业培训规划制定的背景

2021年，人力资源社会保障部、教育部、发展改革委、财政部联合印发的《"十四五"职业技能培训规划》提出，"十四五"期间，我国将组织实施政府补贴性培训达7 500万人次以上，其中农民工职业技能培训3 000万人次以上；新增取得职业资格证书或职业技能等级证书的人员达到4 000万人次以上。

随着人口红利和流量红利消退，增量经济开始向存量经济转变，市场竞争越发激烈，企业发展压力加剧，对提升人才效率和赋能业务发展的需求大幅提升。

基于《"十四五"职业技能培训规划》提出的目标和企事业单位的发展需求，更要做好企事业单位职业培训规划的制定工作。

2. 职业培训规划制定的路径指导

在指导进行职业培训规划制定时，首先要对职业环境和职业培训政策进行分析，同时还要建立培训体系和资源体系，以促进培训规划的落地实施。

（1）对职业环境和职业培训政策进行分析。对国家和区域的职业培训政策进行解读，同时，了解企事业单位的战略规划，从而明确职业培训工作的发展方向和转型升级的着力点。从人才队伍的数量、结构、质量等方面多维度盘点人才队伍建设的现状及问题；运用多种分析方法，从组织、制度、运营、评估、资源等方面分析职业培训工作存在的问题，结合战略规划对人力资源管理的要求，分析差距所在，为职业培训规划目标的确定提供依据。

（2）做好培训体系规划。充分发挥体系支撑作用，从培训组织、培训运营、培训评估和培训资源4个层面做好职业培训体系规划工作。完善培训组织，提高培训管理效能；优化培训运营，提高培训质效；强化培训评估，提升评估成效；健全培训资源，提升培训资源质量。

二、职业培训规划的内容指导

在指导确定职业培训规划的基本内容时，要明确基本原则、总体目标、主要指标,细化主要任务和主要内容,以保障实施落地效果。

1. 指导思想和基本原则

指导思想: 按照人才发展规划有关要求,努力培养和打造一支优良的职业技能人才队伍,为企事业单位提供人力资源保障。

基本原则: 培训工作要服务于企事业单位总体发展战略,紧密围绕企事业单位改革发展的中心任务,促进发展战略落地;构建与发展战略相适应,与建设学习型组织要求相符合,与人才队伍发展目标相衔接,培训与使用相结合的培训长效管理机制。建立培训管理体系;突出培训策划,强化培训过程管控,全面实施培训要素及培训效果评估,促进培训质量不断提升。

2. 总体目标和主要指标

(1)总体目标。提升员工的职业技能,推动战略落地和生产经营发展。员工培训效果评估结果直接与人才绩效考核、薪酬待遇,职务晋升等挂钩。

(2)主要指标。培训覆盖率达××%;人均脱产培训总学时不低于××学时;每年培养新增高级技师不少于××人,技师不少于××人,高级工不少于××人;组织开发不少于××个岗位的课程体系、培训教材和案例教学课件;管理人员和技术人员的网络学习平台体系,网络培训覆盖率达××%以上,人均年网络培训学时数不少于××学时。

3. 主要任务与实施步骤

(1)培训管理体系的建设。实施步骤主要包括明确人员分工,培训职责定位,健全培训管理工作制度,形成包括职业技能培训规划、实施计划、培训效果评估、内部培训师、网络学习平台、经费使用管理等内容的一整套管理制度。

(2)教学运营体系的建设。实施步骤主要包括培训需求的调查分析、培训前期策划、培训期间学员管理、培训效果评估、培训师资队伍建设、培训课程开发建设、培训方法的创新和培训信息化建设等。

4. 重点内容

职业培训规划的重点内容可以参照国家《"十四五"职业技能培训规划》和单位实际情况进行确定、调整,主要包括高技能人才培训、产业紧缺人才培训、安全技能提升培训、数字技能普及性培训、订单式和定向式及项目制培训、企业新型学徒制和现代学徒制的引入、立足区域发展的产训结合项目、实训基地的建设及企业人才自主评价体系的构建等。

5. 保障措施

(1) 组织保障：有关培训部门的机构设置。

(2) 制度保障：一系列的培训制度、标准、流程。

(3) 监督保障：包括评价机制、检查机制、规范管理、考核。

(4) 信息保障：档案管理、信息系统、培训平台。

(5) 经费保障：培训经费来源。

培训项目 2 培训业务指导

培训单元 1　培训教学、管理与评估等关键环节指导

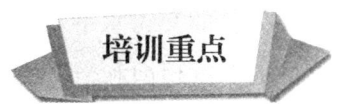

1. 培训教学工作的指导价值、主要内容及关键环节指导。
2. 培训管理工作的指导价值、主要内容及关键环节指导。
3. 培训评估工作的指导价值、主要内容及关键环节指导。

一、培训教学工作的指导价值、主要内容及关键环节指导

1. 培训教学工作的指导价值和主要内容

培训教学指导就是对职业培训师的教和学员的学所组成的一种特殊的人才培养活动进行指导。通过这种人才培养活动，职业培训师有目的、有计划、有组织地引导学员学习和掌握科学文化知识和技能，促进学员素质提高，使他们成为社会所需要的人。

2. 培训教学关键环节指导

要做好培训教学工作指导，就需要对培训教学工作开展中的各个关键环节进行把关，从而确保培训质量。

（1）制定清晰的教学目标。教学目标是关于教学将使学员发生何种变化的明确表述，是指在教学活动中所期待得到的学习结果。教学活动以教学目标为导向，

且始终围绕实现教学目标而进行。教学目标制定得是否合理，可以从以下6个方面考量。

1）符合预测方向。主要考量该教学目标是否符合前期培训预测的方向，符合最初培训项目立项的大方向。

2）服务组织目标。主要考量发起培训的职业学校、企业、培训机构等组织所希望达成的成果有哪些，本次教学目标是否可以实现该成果。

3）有效解决问题。主要考量在前期需求调研阶段了解到学员存在的问题，本次教学目标是否能帮助学员有效解决该问题。

4）符合学员需求。主要考量学员自我能力提升、成长、发展的学习诉求是否纳入到该教学目标中。

5）该教学目标在既定的培训周期内可完成。任何的培训均有一定的时间规划，即在一定的时间规划内，完成教学任务，达成教学目标。故职业培训师需要对设定的教学目标进行有效衡量。

6）交付能力考量。教学目标的制定需考量目前培训相关人员的交付水平。如果教学目标过高，则职业培训师负担过重，配套的交付人员工作量超饱和，会造成培训无法按时、按质完成。

（2）设计合理的教学内容。教学内容指教学过程中同师生发生交互作用、服务于教学目的达成的动态生成的素材及信息。教学内容的合理设计和创新改进可以从以下5个方面考量。第一，达成教学目标；第二，满足学员的培训需求；第三，符合学员的学习规律；第四，教学内容与教学时长相匹配；第五，教学内容具有系统性和连贯性。

（3）匹配有效的教学模式。教学模式是指在一定教学思想或教学理论指导下建立起来的较为稳定的教学活动结构框架和活动程序。好的教学内容应匹配合适的教学模式进行教学，教学模式的合理选择和创新改进可以参考以下5个方面：第一，教学模式有助于教学目标达成；第二，教学模式满足学员的培训需求；第三，培训场地能支持教学模式开展；第四，教学时长与教学模式匹配；第五，培训人数与教学模式匹配。

（4）安排合适的教学师资。清晰的教学目标，精心设计的教学内容，多样的教学模式，均需要通过职业培训师有效传递给学员，师资的安排就尤为重要，可以从以下两个方面指导合理安排教学师资。

1）安排与教学内容匹配的师资，着重考量师资擅长的教学领域，具备教学内容所要求的专业技能和知识储备，具备教学目标所需要达到的教学水平。

2）师资数量需满足培训执行要求，如果学员人数众多，需开设多个培训班，此时就需要有足量的职业培训师授课，保障培训计划顺利开展。

（5）选择适当的教学媒体。教学媒体按照使用场景划分，可以分为线下教学媒体、线上教学媒体，不同教学媒体的选择也直接影响教学质量。

（6）设定有效的教学时间。第一，培训教学应选择合适的教学时间；第二，教学时长应匹配教学内容、教学目标、教学模式，设置合理的时长。

以上6个方面，是培训教学的关键环节，需要严格把关，持续改进，从而确保培训教学的顺利实施。

二、培训管理工作的指导价值、主要内容及关键环节指导

1. 培训管理工作的指导价值和主要内容

培训管理在不同的范畴里有不同的界定，这里的培训管理是指在培训活动中运用专门的知识、技能、工具和方法，使培训能够在有限资源限定条件下，实现或超过设定的需求和期望的过程，是对一些与成功地达成一系列培训目标相关的活动的整体监测和管控。培训管理是达成培训目标的重要过程，是保障培训质量的有效途径，职业培训师可以从8个关键环节进行指导：培训范围管理、培训时间管理、培训成本管理、培训质量管理、培训资源管理、培训沟通管理、培训风险管理、培训人员管理。

2. 培训管理关键环节指导

（1）培训范围管理。培训范围管理是指对标培训目标，界定范围要求，它包括培训范围的界定、范围的规划、范围的调整等。

（2）培训时间管理。培训时间管理应该根据培训的关键节点，划分不同的培训阶段，将培训中每项具体的任务划分到不同的时间段内，明确各任务完成的时间节点，形成培训时间规划表，培训就根据该培训时间规划表推进。

（3）培训成本管理。对于开展这项培训，在培训启动之初，职业学校、培训机构、企业等应已有明确的预算，培训过程中职业培训师需根据预算规划合理控制培训各环节的成本。

（4）培训质量管理。确保达到规定的质量要求，需要对培训全流程展开质量把控，可以从教学内容、教学模式、教学时间、学员的满意度、阶段交付成果等

方面进行把控。

（5）培训资源管理。确保按时、按质完成既定培训目标，需配备合适的培训资源，包含人力资源、物资资源、场地资源、设备资源、资金资源、政策资源等。

（6）培训沟通管理。在培训过程中确保项目相关人信息同频，需要有良好的沟通渠道、沟通机制、沟通的频次等，在培训实施进展中的关键节点，均要求项目相关人达成共识，明确各自的职责，积极推进。

（7）培训风险管理。在培训过程中存在各种各样的不确定因素，在制订培训计划的时候，需要对风险有一定的预判、识别、量化，制定应对策略。

（8）培训人员管理。培训人员包含培训主要负责人、职业培训师、学员、后勤支持者等，针对培训人员的管理需要由培训主要负责人主导，设定合理的管理机制，培训人员各司其职，有条不紊地开展工作。

三、培训评估工作的指导价值、主要内容及关键环节指导

1. 培训评估工作的指导价值和主要内容

培训评估指导对于检验培训效果，规范培训相关人员行为，精进其他培训具有非常重要的意义。培训评估指导就是运用科学的理论、方法和程序，从培训项目中搜集数据，并将其与整个组织的需求和目标联系起来，以确定培训项目的价值和质量的过程。

2. 培训评估关键环节指导

这里的评估是对整个培训项目系统性的评估，并非单纯的培训效果评估，可以从结果性评估和过程性评估这两个维度进行指导。

（1）结果性评估。对标在培训之初设定的培训目标，评估达成情况，具体可以从以下4个方面评估，包括绩效目标、培养目标、产出目标和其他目标。

（2）过程性评估。对整个培训的过程进行全流程、各阶段的评估，包括培训需求预测是否准确，培训计划制订得是否合理，培训实施是否有序，人员分工是否到位，哪些环节导致了培训目标未达成，哪些措施对培训有促进作用，有哪些创新举措等。

培训管理关键环节指导

一、操作准备

1. 组建培训团队。

2. 了解现状,包含培训发起背景、目前存在的问题、目前具备的资源等。

3. 对该培训有初步的构思,清楚要完成什么,做什么,如何做,谁去做,做多久,花费多少等。

二、操作步骤

步骤1　制定培训目标和范围

培训团队与培训发起人共同制定培训目标,界定培训交付物,制定质量检验标准。

步骤2　资源的盘点和整合

根据培训目标和范围,盘点现有资源,及时整合缺失资源。

步骤3　制订培训推进计划

(1)创建工作分解结构,把培训工作细分为不同的工作单元,同时做好培训工作排序。

(2)评估完成以上培训工作预计花费的时间,梳理培训的时间规划。

(3)建立一套培训协作和沟通机制,根据培训人员情况,做好工作分工,确保每项工作均有责任人。

(4)综合以上形成培训推进计划,包含清晰的时间节点,不同阶段的工作任务,完成该任务的责任人,完成标准等。

步骤4　执行培训计划

(1)监督和推进计划执行,确保按时开展各项既定工作,如果出现偏差,及时调整。

(2)执行中根据协作和沟通机制,组织培训相关人员及时、有效沟通,保证协作顺畅。

(3)预判培训过程中存在的风险,提前做好预案。

（4）根据培训各阶段工作的不同分配培训预算经费，在执行中及时记录经费使用情况，如果出现超额或使用过少的情况及时调整。

（5）保障各项培训开展所需资源到位。

（6）每个阶段的培训完成，均需对照培训质量检验标准，检验是否合格。

三、注意事项

指导培训管理需要有明确的目标，清晰的规划，严格执行，有效地监测和控制，有力地组织协调，及时调整纠偏，只有这样，才能确保培训顺利开展。

培训单元2　高技能和高层次人才培养咨询服务

1. 高技能人才和高层次人才的特点。
2. 高技能人才和高层次人才培养。
3. 高技能人才与高层次人才评价。

一、高技能人才和高层次人才的特点

1. 高技能人才的特点

高技能人才是指在生产、运输和服务等领域岗位一线，熟练掌握专门知识和技术，具备精湛的操作技能，并在工作实践中能够解决关键技术和工艺的操作性难题的人员。高技能人才是各行各业产业大军的优秀代表，是技术工人队伍的核心骨干，在加快产业优化升级、提高企业竞争力、推动技术创新和科技成果转化等方面具有不可替代的重要作用。

2. 高层次人才的特点

高层次人才是指在人才队伍各个领域中层次比较高的优秀人才，或处于专业前沿并且在国内外相关领域具有较高影响力的人才。这类人才素质高、能力强、贡献大、影响广。高层次人才常常具有特别旺盛的创造力，在个人素质上表现为具有创新意识、创新能力、合作能力、敬业精神的新型人才。

二、高技能人才和高层次人才培养指导

1. 高技能人才培养指导

高技能人才的培养是一项长期而复杂的系统工程,既要解决数量更应重视质量,需要全方位统筹考虑,因此,做好高技能人才的培养,应从以下3个方面着手。

(1)搭建培养平台。构建以行业企业为主体、职业学校为基础、政府推动与社会支持相结合的高技能人才培养体系。

(2)创新培养模式

1)深化产教融合、校企合作,开展订单式培养、套餐制培训,创新校企双制、校中厂、厂中校等方式。

2)完善项目制培养模式,针对不同类别不同群体高技能人才实施差异化培养项目。

3)鼓励通过名师带徒、技能研修、岗位练兵、技能竞赛、技术交流等形式,开放式培训高技能人才。

4)建立技能人才继续教育制度,推广求学圆梦行动,定期组织开展研修交流活动,促进技能人才知识更新与技术创新、工艺改造、产业优化升级要求相适应。

(3)丰富培养资源,包括加强师资队伍建设、健全课程体系建设、完善培训设施、完善线上学习平台。

典型案例

技能竞赛促进高技能人才培养

一、情景描述

黄某杰初中毕业后就读某技师学院,从小对机械有浓厚兴趣的他在就读期间获得诸多奖项,曾设计并参与制作无人机、发电机、激光雕刻机、全曲面绘图机等项目。在校期间他参加了学院成立的原型制作项目精英班,凭借好学肯钻研的精神和踏实肯干的作风,在2017年10月的世界技能大赛中,他过关斩将,最终夺得第44届世界技能大赛原型制作项目金牌。

获得世赛金牌后的黄某杰拒绝了无数来自职场的高薪诚聘，毅然留校执教，他要让自己的成功变成集体的成功，他在世赛成果转化的路上重新起航。目前，他将自己定位为专任教师，充分利用自身对世界技能大赛原型制作项目国际标准的深刻理解，将行业人才需求融入世赛选手培养和专业技能人才培养之中。

为了充分发挥原型制作项目的专业技能，竞赛集训是黄某杰作为学院教师最重要的任务之一。在第45届世界技能大赛校内集训工作中，他以亦师亦友的身份，带着世界技能大赛的竞技状态和精神，引领学校原型制作项目梯队选手刻苦训练。训练期间他起早贪黑，亲自出题测试，亲身示范，分享经验。结合德雷福斯技能获得模型，黄某杰及其团队对世赛原型制作项目选手培养体系进行重新构建。

2018年，他指导的杨某道、梁某锋、文某凯3名选手均入选第45届世界技能大赛原型制作项目国家集训队，最终文某凯获得第45届世界技能大赛原型制作项目入场券，荣获优胜奖。2020年，他指导的学生许某路参加中华人民共和国第一届职业技能大赛原型制作项目比赛，取得金牌，且进入了国家集训队。

二、案例分析

"以赛促学、以赛促教"是一种培养高技能人才的有效方式，可以在高技能人才培养中大量推广。同时鼓励高技能人才成为导师，可以培养更多以技能为支撑，以精益求精的工匠精神为内核的高技能人才。目前随着国家对高技能人才的重视，社会逐步形成了"技能成才、技能报国"的浓厚氛围。

2. 高层次人才培养指导

高层次人才培养具有培养周期长、投资费用较高等特点，需要有对应的培养方式，在指导高层次人才培养的项目中，应重点关注以下5个方面。

（1）开展产教融合的培养模式。深化产教融合，构建产学研用互通互促的机制，完善校企协同育人机制，拓宽行业企业与学校的双向人才交流渠道，加强学员在实践基地中的"真刀真枪"历练，提升高层次人才发现真问题、解决大难题、定义新命题的实践创新能力。

（2）健全高层次人才培养机制

1）为高层次人才提供良好、宽松的发展空间。提供发挥才能的平台，鼓励高层次人才探索、创新。高层次人才工作的领域均具备一定的挑战性，或者处于技术空白地带，不一定能在短时间内出成果，需要给予相对宽裕的时间和一定容错空间。

2）为高层次人才树立较高的发展目标。高层次人才本身具备高素质，具有创造性，工作能力强，对自我也有更高的要求，均处在各行业最前端的位置，应鼓励其探索前沿领域，设立较高发展目标。

（3）完善高层次人才培养的资源建设

1）加强学科建设。将学科建设资源配置与学科规划紧密结合，编制具备高度可操作性的学科规划，既着眼长远发展定位，又明确近期建设重点，集中精力，实现重点突破。

2）开拓多渠道的学习机会。高层次人才大多为各行业的领先人物，需要与时俱进，与国内外最高水准对标，应帮助其开拓丰富的学习机会，例如，参加国内外行业交流会、学术研讨会、知名高校深造等。

（4）关注高层次人才精神建设。深入开展理想信念学习教育，坚定中国特色社会主义道路自信、理论自信、制度自信、文化自信。坚持以德立身、以德立学、以德施教，把社会主义核心价值观融入人才发展全过程，引导高层次人才做社会主义核心价值观的坚定信仰者、积极传播者和模范践行者。

（5）增加高层次人才培养的投资。设立专门的高层次人才的培养经费，用于为高层次人才提供学习经费、科研经费等，在优化资源配置和管理方式中向高层次人才倾斜。

三、高技能人才与高层次人才评价指导

1. 高技能人才评价指导

当前，高技能人才评价工作仍存在许多不足，主要体现在3个方面。一是高技能人才评价跟不上社会需要，影响高技能人才的成长；二是高技能人才评价质量不高，影响评价工作的科学性、规范性和权威性；三是高技能人才评价与培养、使用、激励等环节没有形成有效联动，导致评价难以发挥应有的作用。因此，中共中央办公厅、国务院办公厅印发《关于加强新时代高技能人才队伍建设的意见》提出要建立高技能人才职业技能等级制度和多元化评价机制，《人力资源社会保障

部关于进一步加强高技能人才与专业技术人才职业发展贯通的实施意见》提出要完善高技能人才职称评价标准。

（1）拓宽技能人才职业发展通道。建立、健全技能人才职业技能等级制度。鼓励符合条件的专业技术人员按有关规定申请参加相应职业（工种）的职业技能评价。支持各地面向符合条件的技能人才招聘事业单位工作人员，重视从技能人才中培养选拔党政干部。建立职业资格、职业技能等级与相应职称、学历的双向比照认定制度，推进学历教育学习成果、非学历教育学习成果、职业技能等级学分转换互认，建立国家资历框架。

（2）健全职业标准体系和评价制度。健全符合我国国情的现代职业分类体系，完善新职业信息发布制度。完善由国家职业标准、行业企业评价规范、专项职业能力考核规范等构成的多层次、相互衔接的职业标准体系。探索开展技能人员职业标准国际互通、证书国际互认工作，各地可建立境外技能人员职业资格认可清单制度。健全以职业资格评价、职业技能等级认定和专项职业能力考核等为主要内容的技能人才评价机制。完善以职业能力为导向、以工作业绩为重点，注重工匠精神培育和职业道德养成的技能人才评价体系，推动职业技能评价与终身职业技能培训制度相适应，与使用、待遇相衔接。深化职业资格制度改革，完善职业资格目录，实行动态调整。

（3）推行职业技能等级认定。支持符合条件的企业自主确定技能人才评价职业（工种）范围，自主设置岗位等级，自主开发制定岗位规范，自主运用评价方式开展技能人才职业技能等级评价。对解决重大工艺技术难题和重大质量问题、技术创新成果获得省部级以上奖项、"师带徒"业绩突出的高技能人才，可破格晋升职业技能等级。推进"学历证书＋若干职业技能证书"制度实施。强化技能人才评价规范管理，加大对社会培训评价组织的征集遴选力度，优化遴选条件，构建政府监管、机构自律、社会监督的质量监督体系，保障评价认定结果的科学性、公平性和权威性。

（4）完善职业技能竞赛体系。广泛深入开展职业技能竞赛，完善以世界技能大赛为引领、全国职业技能大赛为龙头、全国行业和地方各级职业技能竞赛以及专项赛为主体、企业和院校职业技能比赛为基础的中国特色职业技能竞赛体系。完善并落实竞赛获奖选手表彰奖励、升学、职业技能等级晋升等政策。鼓励企业对竞赛获奖选手建立与岗位使用及薪酬待遇挂钩的长效激励机制。

（5）加强高技能人才与专业技术人才职业发展贯通

1）淡化学历要求。对高技能人才与专业技术人才贯通的职称系列，具备高级工以上职业资格或职业技能等级的技能人才，均可参加职称评审，不将学历、论文、外语、计算机等作为高技能人才参加职称评审的限制性条件。按照国家有关规定取得高级工职业资格或职业技能等级后从事技术技能工作满2年，可申报评审相应专业助理级职称；取得技师职业资格或职业技能等级后从事技术技能工作满3年，可申报评审相应专业中级职称；取得高级技师职业资格或职业技能等级后从事技术技能工作满4年，可申报评审相应专业副高级职称。

2）强化技能贡献。高技能人才参加职称评审突出职业能力和工作业绩，注重评价科技成果转化应用、执行操作规程、解决生产难题、参与技术改造革新、工艺改进、传技带徒等方面的能力和贡献。技能竞赛获奖情况、行业工法、操作法、完成项目、技术报告、经验总结、行业标准等创新性成果均可作为职称评审的重要内容。

3）建立绿色通道。对为国家经济发展和重大战略实施作出突出贡献，具有绝招、绝技、绝活，并长期坚守在生产服务一线岗位工作的高技能领军人才，采取特殊评价办法，建立职称评审绿色通道。获得中华技能大奖、全国技术能手，担任国家级技能大师工作室带头人，享受省级以上政府特殊津贴的高技能人才，或各省（区、市）人民政府认定的"高精尖缺"高技能人才，可直接申报评审正高级或副高级职称。

需要注意的是，高技能人才的评价一定要有完善的评价机制，严格执行评价标准，严把质量关，要防止将评价当作走过场、搞形式。

 **相关链接**

高技能人才与专业技术人才职业发展贯通

《人力资源社会保障部关于进一步加强高技能人才与专业技术人才职业发展贯通的实施意见》（人社部发〔2020〕96号）明确指出，牢固树立新发展理念，破除束缚人才发展的体制机制障碍，大力弘扬劳模精神、劳动精神、工匠精神，探索建立理论与实践相结合、技术与技能相促进的人才评价使用激励机制，激发高技能人才创新活力，为实施制造强国战略和推动高质量发展提供有力人才支撑，并就进一步加强高技能人才与专业技术人才职业发展贯通提出了具体要求。

1. 坚持突出重点。适应技术技能人才融合发展趋势，以高技能人才为重点，打破专业技术职称评审与职业技能评价界限，创新技术技能导向的评价机制，拓宽技术技能人才发展通道，促进两类人才融合发展。

2. 坚持问题导向。聚焦人才职业发展中"独木桥""天花板"问题，推进职称制度与职业资格、职业技能等级制度有效衔接，支持高技能人才参加职称评审和职业资格考试，鼓励专业技术人才参加职业技能评价，搭建两类人才成长立交桥。

3. 坚持科学评价。进一步破除唯论文、唯学历、唯资历、唯奖项倾向，强化技术技能贡献，突出工作业绩，保持两类人才评价标准大体平衡，适当向高技能人才倾斜，让各类人才价值得到充分尊重和体现。

4. 坚持以用为本。立足实际工作岗位需要，充分发挥用人单位主体作用，促进人才评价与培养使用激励等措施相互衔接，着力提高技能人才待遇水平，营造有利于人才成长和发挥作用的制度环境。

2. 高层次人才评价指导

高层次人才评价应坚持公开、公平、公正的原则，坚持品德、知识、能力与业绩并重的原则，坚持业内认可与社会认可的原则。

（1）突出品德、能力和业绩导向

1）坚持德才兼备，以德为先，严把人才选聘考核政治关，引导高层次人才成为有理想信念、有道德情操、有扎实学识、有仁爱之心的楷模，成为他人锤炼品德、学习知识、创新思维、奉献社会的引路人。

2）完善科研评价导向，注重研究成果的学术价值和社会效益，建立代表性成果评价机制。坚持发展性评价与奖惩性评价相结合，充分发挥发展性评价对于人才专业发展的引领作用，合理发挥奖惩性评价的激励约束作用。

（2）完善分类评价体系。根据学科、类型和人才发展阶段，逐步完善体现中国特色、符合国际通行标准的高层次人才分类评价体系。在坚持教科融合和岗位分类管理的基础上，针对教学、科研、社会服务等不同岗位的职责要求和工作特点,完善评价指标体系,各有侧重。对于职业成长期的高层次人才,重点评价其发展潜力和创新能力;对于职业成熟期的高层次人才,重点评价其专业领导力和影响力。

(3)改进评价方式。科学设置考核评价周期和考核办法,激励高层次人才投身重大原始创新研究。完善同行评议制度,注重发挥"小同行"、国际同行评价作用。注重引入市场评价和社会评价,发挥多元评价主体作用。探索个人成长与团队发展相结合的评价方式,注重参与者在团队发展中的实际贡献。发挥专业化的人才评价机构作用,建立第三方评价机制。

高层次人才评价指导流程

一、操作准备
1. 组建评审团队。
2. 建立评价标准。
3. 制定评价机制。

二、操作步骤
步骤1 报名

面向一定范围内的人群,发出高层次人才评价邀请,号召报名。在规定的有效时间内,搜集报名信息。

步骤2 筛选人才

根据前期制定的评价标准,对初步的报名信息进行审核,筛选出符合标准的高层次人才进入下一个评审环节。

步骤3 组织评审

组织经过初筛的高层次人才参与进一步评审,可以采用面试、实地考察等方式进行。组织评审专家团队,对该批高层次人才对照评价标准,开展严谨的审核。

步骤4 公布结果

最终筛选出符合标准的高层次人才,对外公布。

三、注意事项

1. 高层次人才的评价需要秉承严谨、客观、公正的态度。
2. 高层次人才的评价是一项较为复杂的工作，需要评审团队通力协作，共同执行。
3. 由于高层次人才具有多元性，在制定评价标准时，需要多方考量。

培训单元 3　职业培训师人才库建设指导

1. 职业培训师人才库的概念、分类和建设必要性。
2. 职业培训师人才库建设的实施步骤。
3. 入库职业培训师的选聘条件和注意事项。

一、职业培训师人才库的建设意义

1. 人才库的概念

人才库也叫作"人才池"，它是人才资源的蓄水池，可以为用人单位源源不断地输入业务发展所需的各类人才。建设人才库的主要目的是适应用人单位战略发展要求，建设具有特色的"人才梯队"，为实现跨越式发展提供强大的人才支撑，强化人才观念，创新用人理念，拓宽用人、选人的视野，打造人才建设平台，优化人力资源配置，做好人才储备工作，建设人才高地，规避人才流失带来的各种风险。

2. 职业培训师人才库的分类

在指导职业培训师人才库分类时，可以参考《职业培训师国家职业技能标准（2022年版）》，该标准将职业培训师职业分为三个等级，分别是三级/高级工、二级/技师、一级/高级技师。可以对应建立一级职业培训师人才库、二级职业培训师人才库、三级职业培训师人才库。另外也可以根据学科、专业、工种、研究领域等来进行分类。

3. 建设职业培训师人才库的必要性

（1）满足市场的需要。对于市场中不同的需求方，存在各种类型的需求，要想解决需求方的问题，满足需求，就需要有强大的职业培训师队伍。

（2）推动发展的需要。职业学校、培训机构等主体为了达成既定的发展目标，需要建立一支实力过硬的职业培训师队伍，只有这样，才能保障更加长远、稳定、可靠的发展，也是持续经营的重要保障。

（3）落实学徒制的需要。为落实中国特色学徒制，需要储备大量职业培训师。

（4）完成培训的需要。为了达成培训中的各项教学目标，需要配备一支可以实施教学任务的师资队伍。

（5）职业培训师自身发展的需要。通过建立职业培训师人才库，可以让职业培训师清楚自身的定位，明确未来的发展方向，看到成长的通道，帮助职业培训师快速成长。

二、职业培训师人才库建设的实施步骤

职业培训师人才库建设的实施分为 3 个步骤，包括制订职业培训师人才库建设规划，实施职业培训师人才库建设规划，开展职业培训师人才库建设评估。

（1）制订职业培训师人才库建设规划。规则内容包括组建职业培训师人才库工作小组、明确职业培训师人才库建设目标、职业培训师的盘点、制订职业培训师人才库建设计划等。

（2）实施职业培训师人才库建设规划

1）职业培训师的入库选拔。对标职业培训师的选拔标准，招募职业培训师。师资来源可以采用自主培养和外部师资引入两种渠道，所有报名师资需通过专家小组审核，符合条件的职业培训师将吸纳至职业培训师人才库中。

2）入库职业培训师的培养。建立一套师资培养体系，对选拔进入职业培训师人才库的师资开展有针对性的培养。培养方向可以基于不同师资级别，师资的专业分类，师资的应用场景等。

3）入库职业培训师的使用，要做到人尽其才、严格考核和加强激励。

4）入库职业培训师的管理。严格执行职业培训师的出入库管理，职业培训师的入库有标准，晋升有路径，淘汰有依据，以确保职业培训师人才库中职业培训师的数量和质量能满足培训需要。

（3）开展职业培训师人才库建设评估。职业培训师人才库需要定期评估工作

成果，组织工作小组定期复盘过往的建设工作，发现问题，解决问题，总结经验，根据实际情况灵活调整，以适应时代变化。

三、入库职业培训师的选聘条件和注意事项

1. 入库职业培训师的选聘条件

入库职业培训师要符合国家职业标准对职业培训师的各项要求，总体分为两大类：基本要求（包括职业道德、基础知识）和工作要求（包括技能要求、相关知识要求）。符合国家标准要求，是选聘职业培训师进入职业培训师人才库的基本条件。此外，还应从德才兼备、技能高超、经验丰富、善于沟通、办事公道、业内公认等多个方面进行相应考察。

2. 选拔入库职业培训师的注意事项

（1）针对不同领域的职业培训师应有不同的选拔标准。

（2）严格公正选拔。制定科学的选拔机制，选拔出具备扎实的知识功底、过硬的教学能力、勤勉的教学态度、科学的教学方法，同时始终处于学习状态，站在知识经济发展前沿，刻苦钻研、严谨笃学、不断充实、拓展、提高自己的师资。

（3）选拔标准应根据不同时期需求，以实事求是的态度做出适当的调整，与时俱进。

职业培训师入库选拔指导

一、操作准备

1. 根据所在组织的情况，制定一套适用的职业培训师选拔标准。
2. 梳理一套选拔的流程和机制。
3. 邀请组织中资深专家、领导等，组建评审团队。

二、操作步骤

步骤1　发布招募通知

制定招募通知，在组织内部发布，号召符合条件的人员参与。

步骤 2　搜集信息

搜集参与职业培训师选拔的人员的报名信息，包含姓名、职务、基础情况、工作内容等信息。

步骤 3　人员筛选

评审团队对搜集的报名信息，依据职业培训师选拔标准进行逐一评审，筛选出符合标准和要求的培训师。筛选形式可以采用笔试、面试、试讲、课程展示等方式进行。

步骤 4　公布结果

将符合标准的职业培训师的名单对外公布，公示一段时间后，如无异议，则将该批人员纳入职业培训师人才库。

三、注意事项

1. 选拔标准需结合所在组织的实际情况制定，做到因地制宜。
2. 选拔流程清晰、明了，方便操作。

培训项目 3　职业培训师团队建设指导、管理和评估

培训单元 1　职业培训师团队建设指导

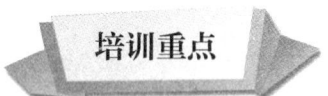

1. 职业培训师团队建设的必要性。
2. 职业培训师团队建设的原则。
3. 职业培训师团队建设的要求。
4. 职业培训师团队建设的内容。

一、职业培训师团队建设的必要性

职业培训师团队一般由不同等级层次、不同专长的职业培训师组成，形成人才梯队结构，以有效实现能力互补、协同创新，以共同承担某个培训项目或培训教学任务。

由于职业培训师个体具有不同的工作经历和经验，每个职业培训师的知识体系和能力也都会存在一定的差距和局限性，为更好地满足客户培训需求，对于职业培训机构来说，加强职业培训师团队建设很有必要。

1. 有利于职业培训师能力提升

职业培训师团队建设有利于职业培训师相互之间的学习成长。每位职业培训师都有擅长的知识和技能，通过相互学习，能够促进职业培训师之间的交流和融合，使职业培训师在培训项目实施的过程中，能力得到提升。同时职业培训师团队建设，将实现个体学习到组织学习的转变。随着职业培训师国家职业标准的颁

布及认证体系的完善，构建职业培训师的学习型组织，可以使每位职业培训师在职业培训师团队中进行系统化、标准化、规范化的学习。

2. 有利于增强组织凝聚力

建立职业培训师团队，通过团队合作，可以营造良好的工作氛围，增强组织凝聚力，使每个职业培训师都有一种归属感，有助于提高职业培训师的积极性和工作效率，为客户创造更大的价值。

3. 有利于提供优质的教学服务

一个职业培训师给客户带来的服务内容是有限的，仅能解决客户某部分的问题。而一个职业培训师团队，集合了众多职业培训师的能力，能形成团队特有的职业培训能力，有强大的系统化的方法论，能对企业进行系统的问题诊断分析，形成精准的调研分析报告，并形成有效的解决方案，提供优质的教学服务，以帮助企业系统地解决问题，促进组织健康发展。

4. 有利于形成团队统一的目标

职业培训师团队建设，就是要把职业培训师凝聚在一起，有共同的事业，有共同的奋斗目标，心往一处想，劲往一处使，形成强大的战斗力。同时，因为统一的团队目标，有清晰的战略定位，有利于团队业务拓展的取舍，做擅长的领域，在组织能力的驱动下，依靠团队的力量，能更快、更好地实现每个职业培训师的职业目标。

5. 有利于职业培训行业的规范

职业培训师团队的建立，依托职业培训师国家职业标准，通过规范化的运营，标准化的培训项目交付实施，以为客户创造更大价值为出发点，在不断发展壮大的过程中有利于形成职业培训行业的规范。

二、职业培训师团队建设的原则

建设规范化、标准化、系统化的职业培训师团队，是推动职业培训发展的有效手段。建设职业培训师团队，应遵循以下 6 项原则。

1. 战略导向原则

职业培训师团队的战略定位要清晰，是针对企业领导力培训的团队，还是企业内部员工培训的团队；是针对企业绩效改进培训的团队，还是营销管理培训的团队；是针对职业学校的职业技能培养的团队，还是行业职业技能提升的团队；根据客户的需要和自身的定位，职业培训师团队在建立之初就要有明确的战略发展方向。

2. 目标一致原则

团队的显著特征是具有共同的愿景与目标,彼此相互承诺,具有明确的团队目标且愿意共同承担团队责任。有了一致认可的愿景和目标,有利于将不同需求、不同动机的职业培训师凝聚在一起,为了共同的目标而努力奋斗。

3. 价值观趋同原则

如果价值观相同或者相似,团队成员的动机在具体的情境下就会趋同,每个人做出的行为也都会与组织的整体利益趋同,不需要过多的管理,组织的运营效率会提高,管理成本也会降低。在职业培训师团队建设过程中,需要不断地吸引那些价值观相同的职业培训师加入。

4. 能力匹配原则

战略定位再清晰,目标愿景再明确,如果没有具有相应职业培训能力的职业培训师,也是不可能达成预想的目标的。所以,在建设职业培训师团队时,要对职业培训师的相应能力做出清晰的鉴定,首先是要和组织的战略定位相匹配,其次是要有与达成目标相匹配的能力。

5. 价值导向原则

职业培训师团队存在的价值,就是为客户创造价值。每个职业培训师也必须为团队创造价值。对职业培训师团队而言,价值导向是确定激励机制的基础,通过树立标杆、奖励绩优,明确组织鼓励的行为,传递组织倡导的价值导向。

6. 优势互补原则

优势互补原则把发挥职业培训师团队成员各自的比较优势作为核心,在发挥各自优势的基础上进行协作。从人的角度看,人的能力是有差异的,每个人的能力表现在不同方面,也各有所长。从社会角度看,目前我们处于信息化文明的时代,分工越细,对职业培训师的要求越专业,对职业培训师团队的协作能力越提出更高的要求,把握优势互补的原则能更好地提高工作效率,形成更好的持续发展能力。

三、职业培训师团队建设的要求

建设职业培训师团队,需要做好职业培训师团队人员定位、职业培训师团队盘点、职业培训师团队规划3项重要工作。

1. 职业培训师团队人员定位

职业培训师团队应包括3方面人员组成的团队。一是负责教学研究课程开发的职业培训师，即进行教学技术的研究和培训项目的开发与设计，并且能够实施授课的职业培训师团队；二是负责教务管理、培训项目实施管理的职业培训师，即统筹教学安排和协助培训项目实施的职业培训师团队；三是负责培训项目市场需求开发的职业培训师，即对外开拓市场，招募学员，推动职业培训发展的职业培训师团队。

2. 职业培训师团队盘点

职业培训师团队盘点，就是结合市场需求和培训项目产品的特色，对现有团队成员进行分析。教学研究职业培训师团队、教务管理和培训项目实施管理职业培训师团队、市场开发职业培训师团队都是不可或缺的。要对这三类团队进行综合分析，确保职业培训机构均衡发展。

3. 职业培训师团队发展规划

通过职业培训师团队的人员定位和盘点，可以明确团队的战略方向、确定组织类型、理清业务发展模式。此外，进行职业培训师团队建设还要围绕业务目标制定团队发展规划，规划应包括：职业培训师团队战略目标、职业培训师团队组织架构设计、职业培训师团队人才发展规划、职业培训师团队运营机制规划等。

四、职业培训师团队建设的内容

职业培训师团队建设的主要内容包括以下 4 个方面。

1. 确定职业培训师团队战略目标

在创建职业培训师团队前，首先要确定团队的定位。职业培训师团队要基于目标客户群体和自身现状分析，确定战略发展方向和业务发展目标。

2. 确定职业培训师团队组织架构

职业培训师团队的类型多种多样，按目标客户分类有企业咨询培训类、教育培训类、职业学校类等，按业务侧重点不同可以分为销售型培训机构、产品技术型培训机构、中介经纪型培训机构、综合型培训机构等。按战略定位确定拟创建的团队类型。根据拟创建的团队类型，设计组织架构，根据组织架构进行工作岗位职责的设计。

3. 职业培训师团队成员配置

根据团队工作目标、任务、团队类型、工作要求和成员的情况，将工作分配给适合的人。团队成员的选择决定于人员技能相互搭配的总体效果。一个团队需要多种技能，每个职业培训师的技能与其他成员的技能有很多相似的地方，但每个职业培训师也有自己的技能特点。一个全部由具有相同技能的人员组成的群体，无法完成复杂的任务。不仅团队人员的技能是相互补充的，而且他们在个性特征方面也不应当是一个模式的，一个团队需要各种角色。

4. 职业培训师团队机制建设

职业培训师团队要合理利用每一个成员的知识和技能协同工作、完成任务、达到共同的目标，还要有共同的利益基础、激励成员向上的机制、共同的价值观念、良好的沟通渠道、和谐的人际关系、有效的管理制度、持续系统的培训等。职业培训师团队机制建设主要包括以下4个方面。

（1）人才发展机制。职业培训师的选拔、任用、解聘和培养成长都需要有明确的机制保障，从而有利于职业培训师职业生涯发展。

（2）管理机制。培训项目的计划、实施、检查、评估，都需要系统化、标准化、规范化的管理机制支撑。

（3）激励机制。激励是奖优罚劣，为了保障客户的利益，提升职业培训师的业务水平，应通过激励机制提升职业培训师的自驱力。

（4）文化机制。要加强职业培训师团队文化建设，树立职业培训师精神，通过文化融合，促进团队协同，提升团队战斗力。

创建职业培训师团队

一、操作准备

1. 职业培训师团队的相关制度。
2. 职业培训师团队的建设目标。
3. 职业培训师团队的师资材料。

二、操作步骤

步骤1 确定团队战略目标

基于目标客户群体和自身现状分析，确定职业培训师团队战略发展方向和业务发展目标。

步骤2　确定团队组织架构

按战略定位确定拟创建的团队类型。根据拟创建的团队类型，设计组织架构，根据组织架构进行工作岗位职责的设计。

步骤3　配置团队成员

配置成员是指根据团队工作目标、任务、团队类型、工作要求和成员的情况，将工作分配给适合的人。团队成员的选择决定于人员技能相互搭配的总体效果。

步骤4　团队机制建设

团队机制建设主要包括人才发展机制、管理机制、激励机制、文化机制。

三、注意事项

1. 战略定位是职业培训师团队建设成功的核心。
2. 职业培训师团队成员是达成业务目标的关键。
3. 团队机制是职业培训师团队高效运转的动力。

培训单元2　职业培训师团队管理

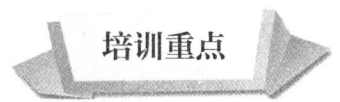

1. 职业培训师团队发展咨询与指导的原则。
2. 职业培训师团队协作能力提升的要点。
3. 职业培训师团队知识管理指导的原则和要求。
4. 学习型组织创建指导的基本要求。

一、职业培训师团队发展咨询与指导

要加强职业培训师团队建设，并在团队每个成员职业生涯发展指导的基础上，树立团队发展理念，为整个职业培训师团队的发展规划提供相应的咨询和指导。

1. 理念层面

要遵循团队中职业培训师之间鼓励专业对话和合作的原则，要营造职业培训师之间专业合作的精神面貌和合作氛围，通过合作共进，促使每个职业培训师在

专业态度、专业知识和职业技能等方面得到最大限度的发展。

2. 管理层面

要遵循以具体职业发展指引为主的原则，要在管理机制建设方面强调促进职业培训师的团队共同发展。

3. 实践层面

要遵循鼓励多样化的团队合作和发展原则，着重在职业培训师团队专业合作方面，推动不同职业培训师团队之间采取多种方式的协同合作，促进职业培训师团队的建设和发展。

4. 个体层面

要遵循满足团队内部每个职业培训师的专业发展需要原则，要通过团队每个职业培训师之间的专业合作，助推职业培训师团队专业发展。

二、职业培训师团队协作能力提升

虽然每个职业培训师的能力都非常强，但协作能力未必就强。职业培训师团队是由一群互补互助、协同发展的职业培训师组成的。对于团队成员来说，不仅要有个人能力，更需要在不同的位置上各尽所能、与其他职业培训师协调合作。职业培训师团队协作能力可以从以下7个方面进行提升。

1. 善于沟通

每个职业培训师的价值观都有差异，在工作过程中难免存在误解和矛盾。需要管理者及时沟通，作为团队调解员，让团队成员消除隔阂，创造一个具有凝聚力的工作氛围。

2. 目标一致

尽管每个职业培训师团队是由不同身怀绝技的成员组成的，但是把团队聚合起来、拧成一股绳、向着一致的目标作战是非常重要的。

3. 分工明确

团队协作时，如果分工模糊，容易出现推诿扯皮现象。分工要做到，谁在什么位置，有什么职能，负什么责，做到什么程度，一定要明确。责任划分不允许有模糊的领域。出了问题，大家都清楚谁应该出来承担责任，取得了成绩，谁的功劳也很清楚。

4. 协作配合

应当鼓励职业培训师之间进行工作上的配对，职业培训师之间工作上的合作次数变多，默契度自然就会产生，以后在完成指定任务时会显得更加游刃有余。

5. 信息共享

很多协作问题的源头就是信息没有共享。信息没有开放或信息闭塞就会导致团队达不成共识。

6. 利益共享

一件事情，只有目标达成共识还不够，如果利益没有达成共识，要实现协作也会非常困难。

7. 团建活动

要想职业培训师团队更好地协作，团队的凝聚力必须强大。可以适当开展团建活动。团建活动既能达到员工放松身心的目的，又能在无形之间增进彼此的了解，多次活动做下来，团队之间的凝聚力自然就会产生。

三、职业培训师团队精神培养指导

职业培训师团队精神必须建立在职业培训师对团队的价值判断和与团队相关利益关系的认知基础上。

培养团队精神，关键要让职业培训师认识和体验团队的价值，从而对团队产生积极的价值评价和积极的情感。要促使组织成员深刻地、更快地认识和体验团队价值和团队精神的价值，应当进行一些积极、有效的组织传播活动和实践活动，促进他们的认知和体验。应通过组织传播活动促进职业培训师对团队价值和团队精神的价值的认知，在实际的和模拟的情境中促进人们对团队价值与个人利益关系的体验。

四、职业培训师团队知识管理指导

职业培训师团队的知识管理，其实质是对知识、知识创造过程和知识的应用进行规划和管理的活动。

1. 加强职业培训师团队知识管理的原则

指导职业培训师团队加强知识管理时，应遵循以下原则。

（1）积累原则。知识积累是实施知识管理的基础。每一位职业培训师进行教学课程实施或培训项目实施中的相关知识，都需要积累。

（2）共享原则。知识共享是指职业培训师团队内部的信息和知识要尽可能公开，使每一个职业培训师都能接触和使用团队的知识和信息。

（3）交流原则。知识管理的核心就是要在职业培训师团队内部建立一个有利于交流的组织结构和文化气氛，使职业培训师之间的交流毫无障碍。知识交流是使知识体现其价值的关键环节，它在知识管理的3项原则中处于最高层次。

2. 职业培训师团队知识管理的要求

指导职业培训师团队加强知识管理时，要让其了解应对培训项目和培训课程进行知识管理，例如对培训教学相关的工具、资料进行积累，对具有独创性的注册商标和注册版权等。

五、学习型组织创建指导

在职业培训师团队建设过程中，我们不仅要关注职业培训师个体的专业成长，更应关注职业培训师团队精神的培养和团队力量的凝聚，努力打造具有团队意识、合作能力、进取精神的职业培训师团队，建设学习型组织。

学习型组织的核心理念是通过营造整体学习氛围，引导个体自我提升，将个体细节反馈给整体，构建整体观念，充分发挥每个人的创造性思维，形成一个有机的、灵活的、扁平的、人性化的、充满活力的组织。

1. 学习型组织建设的基本要求

学习型组织创建的目标主要有3个：一是激励组织成员争当学习型人才，二是激励组织的团队争创学习型团队，三是激励组织整体争创学习型组织。

2. 学习型组织创建指导与学习力提升

学习型组织创建应重点做好以下3个方面的指导。

（1）强化个体学习，争当学习型人才。职业培训师团队强化其成员的个体学习，激励成员努力成为学习型人才，是创建学习型组织的第一步，也是第一个目标。

（2）激发团队学习，争创学习型团队。职业培训师团队需要激发其内部小团队学习，激励越来越多的小团队创建学习型团队，这是创建学习型组织的第二步，也是第二个目标。

（3）只有提升组织学习，才能创建学习型组织。对正在创建学习型组织的职业培训师团队需要有效提升组织学习，激励各个层次的成员将争当学习型人才、争创学习型团队与争创学习型组织紧密结合起来，激励各类、各级团队将争创学习型团队与争创学习型组织紧密结合起来，这是创建学习型组织的第三步，也是第三个目标。

3. 学习型组织创建的注意事项

（1）学习型组织的组织学习和知识管理链并不是单向流程。对新知识的适应、检验、更新会产生其他新知识，再通过知识管理和组织学习的反复循环，实现组织知识库量的增加，最终实现质的变化，即形成更新后的新的组织知识库。

（2）学习型组织创建是一项持久的工作，需要组织中的每个人都能参与其中，在工作和生活中运用自己学习到的知识、技能、方法等创造价值，并且切身体会到组织学习带给个人和组织的益处，从而有效改善组织的行为习惯，形成一种持续学习、推崇共享、不断改进的组织学习氛围，这更是大多数职业培训师团队需要努力完成的宏伟事业。

 **相关链接**

学习型组织的内涵及其主要特点

一、学习型组织的内涵

学习型组织的内涵主要包括以下5个方面。

1. 学习型组织方法——发现、纠错、成长。

组织学习普遍存在"学习智障"，是由于个体思维的误区，没有找到关键的要点，一切心理和机构层面的考量都不是学习的关键元素，修复和行动力才是主导。发现、纠错、成长是一个不断循环的过程，也是学习的自然动力。

2. 学习型组织核心——在组织内部建立"组织思维能力"。

学会建立组织自我的完善路线图和自我学习机制。组织成员在工作中学习，在学习中工作，学习成为工作新的形式。

3. 学习型组织精神——学习、思考和创新。

此处的学习是指团体学习、全员学习，思考是系统、非线性的思考，创新是观念、制度、方法及管理等多方面的更新。

4. 学习型组织的关键特征——系统思考。

只有站在系统的角度认识系统，认识系统的环境，才能避免陷入系统动力的旋涡里去。

5. 组织学习的基础——团队学习。

二、学习型组织的主要特点

1. 共同的愿景

组织的共同愿景，来源于成员个人的愿景而又高于个人的愿景。它是组织中所有成员愿景的景象，是他们的共同理想。它能使不同个性的人凝聚在一起，朝着组织共同的目标前进。

2. 创造性

任何组织的工作主要有两类：一类是反映性的；另一类是创造性的。反映大多用于维持现状。组织的发展是创造性的工作。没有创造组织就会被淘汰。

3. 不断学习

这是学习型组织的特征。所谓"善于不断学习"，主要有4方面含义。

一是强调"终身学习"，即组织中的成员均应养成终身学习的习惯，这样才能形成组织良好的学习气氛，促使其成员在工作中不断学习。

二是强调"全员学习"，即组织的决策层、管理层、操作层都要全心投入学习，尤其是管理决策层，他们是决定组织发展方向和命运的重要阶层，因而更需要学习。

三是强调"全过程学习"，即学习必须贯穿于组织系统运行的整个过程之中，不要把学习和工作分割开，应强调边学习边准备、边学习边计划、边学习边推行。

四是强调"团队学习"，即不但重视个人学习和个人智力的开发，更强调组织成员的合作学习和群体智力（组织智力）的开发。在学习型组织中，团队是最基本的学习单位，团队本身应理解为彼此需要他人配合的一群人。组织的所有目标都是直接或间接地通过团队的努力达到的。

学习型组织通过保持学习的能力，及时铲除发展道路上的障碍，不断突破组织成长的极限，从而保持持续发展的态势。

培训单元 3　职业培训师团队建设评估

1. 职业培训师团队建设评估的意义及原则。
2. 职业培训师团队建设评估的内容与方法。
3. 职业培训师团队发展方向指导要点。

一、职业培训师团队建设评估的意义及原则

1. 评估的意义

职业培训师团队建设评估，不仅是对团队能力的评估，也是对团队目标达成的评估。通过对团队存在的问题进行分析，对存在的优势进行总结，指导团队能力成长和业务发展方向。

2. 评估的原则

（1）实事求是的原则。评估要基于数据，基于事实进行客观的分析与判断。

（2）目标导向的原则。评估要结合团队目标分析，通过评估找到制约目标推进的症结所在，并能够举一反三、触类旁通，有利于解决今后或其他目标执行过程中遇到的同类型问题。

（3）发展导向的原则。评估的核心不是批判，不是处罚人，而是通过评估找到做得好的方法；做得不好的方面，应加以改善。评估的目的是为未来更好的发展。

二、职业培训师团队建设评估的内容与方法

1. 职业培训师团队建设评估的内容

在指导职业培训师团队建设评估时，重点要关注以下 4 个关键内容。

（1）是否为客户创造了价值。为客户创造价值是职业培训师团队存在的理由。为客户持续创造价值是职业培训师团队发展的灵魂，要为客户持续创造价值，对于职业培训师团队来说，那就是为客户打造优秀的有生命力的培训产品，提供优

质的培训服务。

（2）是否达成了业务目标。业绩是职业培训师团队能力的证明，也是为客户创造价值的证明，良好的业绩是团队能否持续运营的关键。如果没有达成业务目标，就要分析到底是战略方向出了问题，还是目标设定出了问题或者是职业培训师的能力达不到要求，或是机制文化没有激发职业培训师的动力。

（3）是否有良好运营机制。良好的运营机制是保障团队正常运行的动力，是促进职业培训师相互之间良好协作的润滑剂。如果一项机制得不到良好的执行，要么是机制本身的设计不合理，要么是执行机制的人能力达不到或者是团队的文化氛围阻碍了机制的有效运行。

（4）是否有充分人才发展。职业培训师在团队中是否能够得到成长，有明确的职业生涯发展通道；当客户提出需求后，职业培训师是否有能力能够及时响应并满足；当业务快速发展时，是否有足够支撑业务发展的职业培训师。

2. 职业培训师团队建设评估的方法

评估一个团队建设得好坏，不仅是为了考核，更是为了更好地促进团队的发展。在指导职业培训师团队建设评估时，可以用以下4步法。

（1）回顾目标。职业培训师团队建设要不断提升，就要不断总结得失，最终才能有所成就。在这一步，重点要思考3个问题，团队的目的是什么，团队的目标是什么，有哪些阶段性的目标。在行动前就需要拟定清晰的目标、达成共识。同时，对于每个阶段的里程碑目标，也要清晰地制定，以确保整个任务都朝着团队的目标前进。

（2）评估结果。评估结果要和原来的目标相比对，完成了多少，哪些地方是亮点，哪些地方做得不足。这个过程看似简单，实则不易。这一阶段的常见误区有以下3个方面。

一是回避问题，害怕暴露问题，只说成绩，不谈缺点；二是思维局限，每个人站在自己的层次、视角，只看到一些局部或碎片，很难看到全貌；三是个人偏见，因为每个人的价值观、诉求、经验等差异，大家对同一件事有不同的理解，无法达成共识。

（3）分析原因。分析原因是下一步避免问题再次发生，发现优势并继续发扬很重要的一步。这一阶段的主要误区有以下4个方面。

1）分析不深入。很多问题的成因很复杂，受多方面因素的影响，而且彼此之间会相互干扰。如果评估时浅尝辄止，没有进行深入挖掘，就会找不到根本原因。

2）推脱责任。在评估过程中，许多人将原因归咎于外部因素，对自己的责任避而不谈或想办法推脱。这样就失去了客观、公正性。

3）主次不分。有时暴露出来的问题很多，如果不分主次揪住每一个问题，什么都要进行分析，就会导致评估报告或评估会议非常冗长，也让评估很复杂，难以驾驭。

4）浮于表面。分析原因浮于表面，很多问题受多方面因素的影响，彼此之间相互干扰，使得分析原因时显得一团乱麻。

（4）总结改进。要总结有哪些收获，哪些方面可以继续坚持、发扬光大；哪些方面需要改进，以便为今后的发展提供借鉴。

三、职业培训师团队发展方向指导

中共中央办公厅、国务院办公厅印发《关于推动现代职业教育高质量发展的意见》提出了现代职业教育高质量发展的总体要求和主要目标。到 2025 年，职业教育类型特色更加鲜明，现代职业教育体系基本建成，技能型社会建设全面推进；到 2035 年，职业教育整体水平进入世界前列。要实现这个宏伟目标，必须有大量优秀的职业培训师提供有力支撑。在指导职业培训师团队建设的发展方向时，要结合政策，判断未来职业培训师团队建设的发展方向。应重点关注以下 4 个方面。

1. 专业化与系统化

随着客户的培训成熟度的提高，对于培训的要求也会越来越高。对于职业培训师团队深度解决客户问题的能力，系统化解决客户问题的能力，提出了新的挑战。未来的培训机构，可能会走专业化路线，就是在一个领域深耕，做细、做深、做到专精，做到极致。这个领域可能是一个行业，或是一类培训产品，形成培训机构在该领域的领导地位，构筑技术壁垒。还有一种是系统化路线，这类培训机构资源整合能力强，研发能力强，能够围绕客户的痛点问题，进行系统的解决方案设计并实施服务。

2. 差异化与标准化

培训机构要想有特色，就一定要走差异化路线。这是区别其他同行，塑造团队产品品牌的最佳方式。培训内容的差异化、培训形式的差异化、培训市场的差异化等都将是这类培训机构发展的方向。培训机构要想快速发展，要想快速培养职业培训师，标准化是必然的一条路，标准化把个人能力转化为组织能力，加快了培训机构的复制能力和交付能力的提升，进一步推动职业培训师团队的发展。

不管是差异化还是标准化，都必将是中国自主版权课程飞速发展的助推剂。

3. 多元化与规范化

以前仅做销售的培训机构，或是中介经纪的培训机构，未来的发展会因为没有培训产品而受限。大多数的培训机构会走多元化路线，有自己的研发交付团队（兼职或专职），同时也有自己的销售团队。同时培训行业走向规范化，培训的课程越来越易得，培训师资的选择越来越透明，市场的竞争会促进培训机构的规划化发展。

4. 数字化与元宇宙

培训进行数字化转型已是大势所趋。在线学习平台系统大量应用，培训的教学资源在线化产品日渐丰富，在线学习和线上与线下混合学习的模式已经成熟，客户的学习习惯已经养成，应用场景已经多元化。未来会随着客户线上培训需求的增加，倒逼培训机构主动数字化。同时，元宇宙的培训概念已经提出。元宇宙是人类运用数字技术构建的，由现实世界映射或超越现实世界，可与现实世界交互的虚拟世界，具备新型社会体系的数字生活空间。虚拟与现实的结合，借助元宇宙的底层技术，诸如增强现实（AR）、虚拟现实（VR）、混合现实（MR）等构建仿真系统，可以让学员在零风险的情况下习得相关技能，也推动培训行业从当前的情景模拟稳步迈向去中心化、沉浸式、体验式学习发展。最近出现的ChatGPT人工智能机器人对传统培训带来巨大挑战，同时也会成为卓越职业培训师的好帮手。

职业培训师团队建设评估

一、操作准备

1. 熟悉职业培训师团队建设评估的原则。
2. 了解职业培训师团队建设评估的内容和方法。

二、操作步骤

步骤1　回顾目标

回顾职业培训师团队建设的目标。

步骤2　评估结果

评估职业培训师团队是否为客户创造了价值；评估职业培训师团队是否达成了业务目标；评估职业培训师团队是否有良好的运营机制；评估职业培训师团队是否有充分的人才发展。

步骤3　分析原因

分析做得好的方面和不足的方面。分析做得好的原因，并继续保持。分析不足的原因，并采取新的措施、方法。

步骤4　总结改进

总结成功的经验和失败的教训，形成下一步执行和优化的指导方案。

三、注意事项

1. 职业培训师团队建设最初的目标越清晰，后期评估越准确。

2. 评估要客观、真实，评估是对事情的评估，不是对人的评价。

3. 职业培训师团队建设评估，需要团队成员全员参与，有利于评估的客观性和科学性。